JN253767

ポール・ロレンツ監修
F. クライン＝ルブール著

〔改訂新版〕

パリ職業づくし

中世〜近代の庶民生活誌

北澤真木訳

論創社

序文

原子力エネルギーの出現により、人々の仕事は、今やすっかり様変わりしようとしている。しかし、こうした変貌は今に始まったことではない。本書に取り上げたのは、過去何世紀もの間に、さまざまな事情で見捨てられた一連の職業である。ささいな仕事や大事な仕事、風変わりなのや先駆的なもの、おぞましいものなど、無数の資料から収集した職業の記録だ。読み進むにつれ、読者は、それぞれの記録の出典が丹念に記されていることに気付かれるはずである。いずれも、公文書、警察調書、昔の辞典、大作家・新聞記者・歴史家・法律家・経済学者・説教師らの残した記述を元にしたものである。本文の意図をより深く御理解いただけるよう、図版も多数挿入した。大衆向けの俗画と大家の作品を優劣なく掲載してあるので、より複合的な情報をお伝えできるのではないかと思う。

注意力が散漫になるのをおそれないなら、もっと多くの事例をあげることもできたであろう。なぜなら、一つの職業が消滅もしくは衰退、変化すれば、それにまつわる多くのものが、自ずとすたれることになるからである。例えば、ここに一人の物書きがいるとする。机の上に目を走らせただけで、どれだけ多くのものがこの世から姿を消してしまったかに、[1]彼はたちまち気付くはずだ。羊皮紙や封蝋、インク壺、鵞ペン、インク吸収用粉末、サンダラック用小瓶は、いったいどこに行ってしまったのだろう。

万年筆ができたおかげで、たしかに便利にはなった。あっという間にこれが万人の必需品になった結果、写本修道士の素朴な鵞ペンが姿を消し、同時に、インクとインク壺、ペン先を削るためのナイフも姿を消した。その結果、書斎からはかつての装飾的な美しさが失われた。

シャルル五世が金のインク壺を最初に所有した人の一人だったと、何かで読んだことがある。ルイ十四世が持っていたかずかずの見事なインク壺の中には、彫金細工をほどこした銀製の壺から、ブール[2]が作った寄せ木細工の壺まであった。十八世紀には、小間物屋の屋台に並ぶほどインク壺は普及したが、当時の壺は、漆や黒檀、磁器（ルーアン、ストラスブール、ムスティエ、リュネヴィル産の）でできていた。一七七五年七月号の『メルキュール』誌には、「小振りで使いやすいインク壺」を二十四リーヴルで提供する、という広告が掲載されている。広告主は、王妃（マリー・アントワネット）のおかかえ宝石商グランシェで、黒檀に銀張りをほどこした、とても小さな壺だった。帝政時代になると、金銀細工師が勢力を盛り返し、インク壺も華麗なフォルムのものが再登場する。さらに時代が下ると、ごくシンプルな形の、それでいて見栄えの良い壺がモロッコ革製造職人により作られるようになる。しかし、これが、しょせん見捨てられるべき運命にあったインク壺の最後のあがきだった。

古来、インク壺に彩りをそえていたのが、鵞鳥の羽根ペンだった（これは鶏小屋で働く娘らのわずかばかりの収入源になっていた）。これを最後に使ったのは、筆者の知る限りでは、ベル・エポック時代に一世を風靡した古典劇女優セシル・ソレル（一八七三―一九六六）である。

このように、たった一つのものの来歴を追跡することにより、結果的に、金銀細工師、青銅細工師、漆工、陶工、ガラス工、革職人の足跡をたどったことになる。言い換えれば、一つの品物が消滅することにより、六つの職業団体が影響を受けたことになる。それを作るためには、それぞれの集団の専門技術者を必要としたからである。

前述の物書きが、ちょっと外の空気を吸いに出かけようと筆を置いたとする。昔の物書きは、今世紀初頭でさえ、今とは比べものにならないくらい多くの仕事を、さまざまな分野の職人に与えていたことに、彼は気付くはずだ。仕立て屋、ワイシャツ屋、帽子屋、靴屋、かつら屋、宝石職人……。さほど時代をさかのぼらなくとも、山高帽子、カノチエ、杖、ゲートルを身に付ける習慣がなくなったことで、どれほどの数の職人が転職せざるを得なかったことだろう。

同様に、御婦人方のパラダイスであるファッションの世界でも、流行の変遷とともに消えた装飾品は数知れず、その結果、別の技術の習得や、新たな修業をよぎなくされた人が大勢いたに違いない。「あぁ！　ヴェール越しの、あの初めての口付けよ！」と、やさしいコペー[3]がため息まじりに言ったとしても、口付けを和らげるようなヴェールはもはや存在しない。日傘は閉じられてしまったし、イザドラ・ダンカン[4]はコルセットを破り捨てた。寒がりの御婦人方はボアとマフラーを一挙に失い、孔雀の羽根でできた優美な扇子もほとんど羽ばたかなくなった。

仮面の驚異的な歴史をちょっと思い起こしてみよう。仮面は人類とともに誕生し、初期の祭式及び妖術と結び付く。宗教は、象徴的な目的で仮面を利用した。その後、高価な素材を用いることにより、人々は仮面を荘厳な装身具に変身させた。戦争は、仮面をコケ脅しとして利用し、恋と死は、その神秘性の中に仮面を融合させる。十六世紀中葉、人々が日焼けから肌を守るのにやっきになっていた時代には、芝居や仮面舞踏会のような屋内での娯楽が盛んになり、さまざまな表情の仮面が活躍した。身分の高い女性はみな、遊びに行く時は必ずビロードの面を付けて出かけたが、ブルジョワ階級の女性はビロードの使用を禁じられていたので、絹の面で我慢した。十七世紀末には、仮面を付けることが義務とされるまでになり、ヴェニスの人々は、この風習をその後一世紀もの間守り続けた。フランスでは、第一次大戦まで、仮装劇と並んで、仮面も健在だった。このため、何百という仮面職人がいたのだが、今では、数件の工房で充分まかなえる程度の需要しかない。

本書は、最終的に、放棄に放棄を重ねる人類の進化の歴史そのものを跡付けるものとなっている。それは、とりもなおさず、無数の犠牲を代償に獲得した、つらい征服の歴史でもある。なぜなら、自らの発明品を前にした時の人類のたじろぎ、新しい機械に出会った時の労働者の反感は、今に始まったことではないからだ。とはいえ、多くの努力と闘争、権利の自発的撤回の繰り返しを楽しく締めくくるために、本書は、揺り籠のリズムとともに幕を閉じている。巻末〈乳母〉の項を舞台に躍動する、揺り籠のリズムとともに。

こうして我々は過去に別れを告げてはいるが、それは読者との再会を約束してのことである。……百年後に！　見知らぬ、予測できない多くの職業が現在の我々の職業に取って代わり、今度は我々が好奇心と過去の思い出の対象となるであろう、百年後に！

一九六八年　ポール・ロレンツ

（1）サンダラック：インクの染み消しに用いられたマワウヒバの樹脂の粉末。
（2）ブール、シャルル（一六四二―一七三二）：フランスの家具職人。ルイ十四世の御用商人となり、豪華な家具を制作した。
（3）コペー、フランソワ（一八四二―一九〇八）：フランスの詩人、小説家、劇作家。著書に『下層の人々 *Les Humbles*』がある。
（4）イザドラ・ダンカン（一八七八―一九二七）：米国の女流舞踏家。モダンダンスの創始者。

パリ職業づくし――中世～近代の庶民生活誌　目次

序文

パリ職業づくし——中世〜近代の庶民生活誌

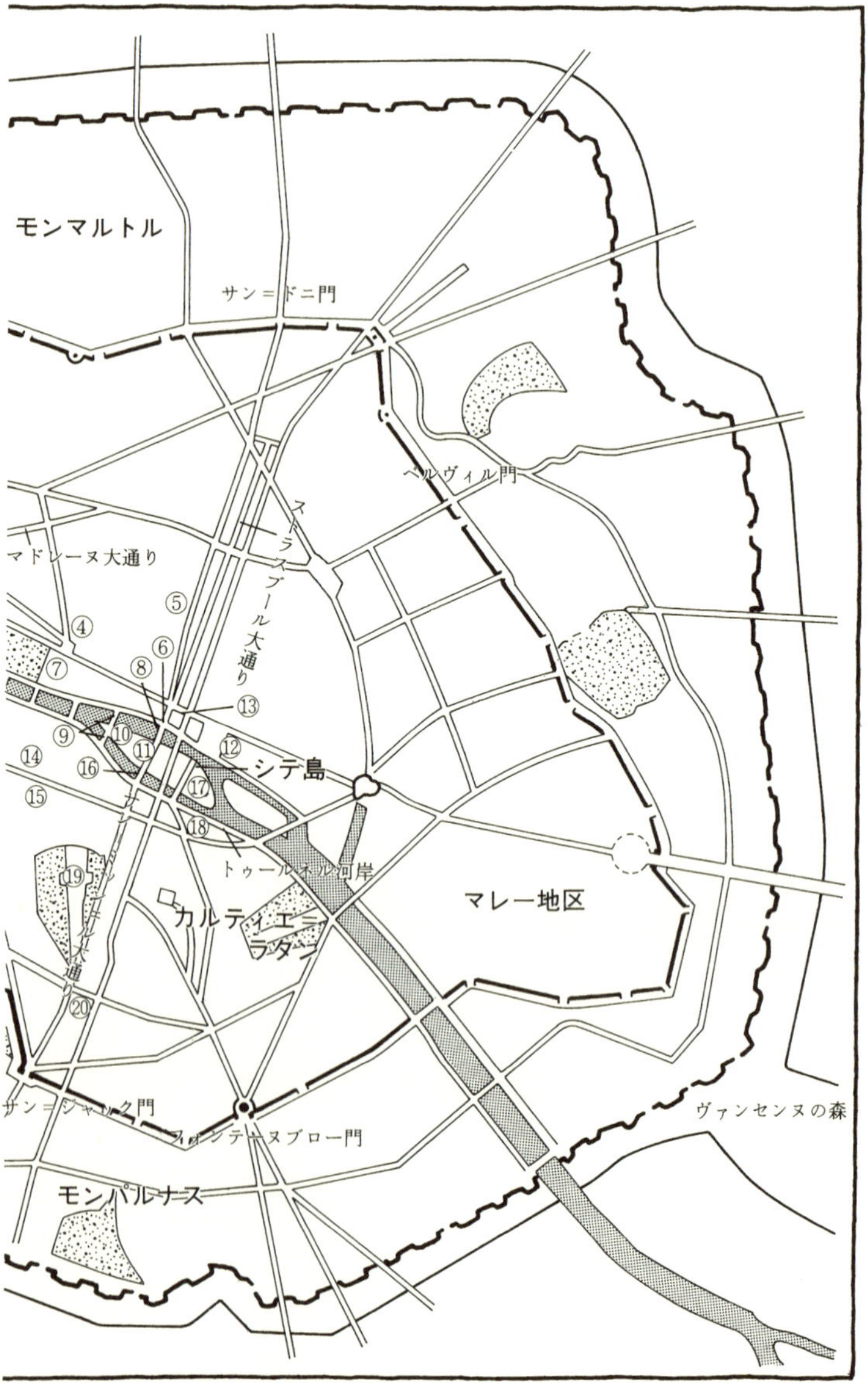
モンマルトル
サン＝ドニ門
ベルヴィル門
マドレーヌ大通り
ストラスブール大通り
シテ島
トゥールネル河岸
カルティエ＝ラタン
マレー地区
サン＝ジャック門
フォンテーヌブロー門
ヴァンセンヌの森
モンパルナス
④
⑤
⑥
⑦
⑧
⑨
⑩
⑪
⑫
⑬
⑭
⑮
⑯
⑰
⑱
⑲
⑳

パリ市街図(19世紀中葉)
① アンヴァリッド橋
② コンコルド広場
③ マドレーヌ教会
④ パレ＝ロワイヤル
⑤ 中央市場
⑥ シャトレ広場
⑦ チュルリー宮
⑧ ポントーシャンジュ(両替橋)
⑨ ポンヌフ
⑩ ドーフィヌ広場
⑪ サント＝シャペル
⑫ 市役所(オテル・ド・ヴィル)、市役所広場(旧グレーヴ広場)
⑬ サン＝ジャック＝ラ＝ブシュリー教会跡
⑭ サン＝ジェルマン＝デ＝プレ教会
⑮ サン＝スュルピス教会
⑯ サン＝ミッシェル橋
⑰ ノートルダム
⑱ モベール広場
⑲ リュクサンブール宮
⑳ 旧ポール＝ロワイヤル修道院
凱旋門
シャンゼリゼ通り
モンテーニュ通り
オルセイ河岸
サン＝ジェルマン大通り
ブーローニュの森
セーヌ川

1 過去の呼び声

パリに飛び交う物売りの声

巷で訪問販売をして回る行商人を、各同業組合《コルポラシオン》の組合員は目の仇にしていた。行商そのものは認めざるを得なかったので、せめて彼らの権限を規制しようと組合側はやっきになった。十三世紀、縁飾り業者は、帽子その他のかぶり物もしくは枕カバーを、一度に一点以上戸別販売することを行商人に禁じた。絨毯《じゅうたん》業者は大市開催日である金曜と土曜にしか行商を許可しなかったし、ヤスリ業者や養鶏業者も特定の日にしか訪問販売を容認しなかった。だからといって、果物や野菜、魚を扱うしがない商人《あきんど》が、毎朝一軒一軒、わずかな食料品を主婦に売り歩くのまで妨げることはできなかったし、のどもはりさけんばかりの大声で商品を連呼するのを止めるわけにもゆかなかった。

夜が明けると、風呂屋の番頭が開店を告げて回る。ビザンチン帝国との交流により公衆浴場が普及していたのである。(1) やがて、魚、鶏肉、生肉に塩漬け肉、にんにく、蜂蜜、玉葱、セルフイユ、サラダ用生野菜、バターやチーズなどの販女《ひさぎめ》らが、ぞくぞくとやって来る。小麦粉に牛乳、桃、梨、リンゴ、サクランボ、卵を呼び売りする女たちの声に、服や食器、家具の修繕屋の声が重なる。さらには、花、胡椒、古鉄に古靴、ナッツ、栗、ワラ、エシャロット、花梨、茸、カブ、練炭に薪、一袋一ドゥニエの木炭、綿糸を芯にした「お星様のように明るい」蝋燭《ろうそく》を売る声までが、聞こえて来るのだった。

十六世紀には、何人かの詩人が、この活気に満ちた喧騒を伝えている。中でもアントワーヌ・ト

風車売り

1770–80年頃の針の行商人

ボール箱売り

柴売り

リュケはその代表格で、一五四五年に『日ごとパリに飛び交う無数の呼び声』と題する本を出版している。

公示人

大昔から、商品の取引は露天商か行商人が行っていた。町に着くと、彼らは楽の音や大音声で到来を告げ、商品の名を触れ回った。ヘロドトス〔前四八四頃—前四二五〕によると、小売りの店舗が最初に登場したのはリディア(2)で、店主らは自分の店の門口に客の注意を引くための呼び子を置いていたという。

ギリシャでは、「伝令」という言葉は、市場《いちば》のしがない呼び売りにも、公式の伝令官にも用いられていた。公式の伝令官は、王権の補佐役であるとともに、神格化されたヘルメスを守護神にいただき、その保護下に置かれていた。このため、彼らは、政治的であると同時に神聖な職務にたずさわる、侵すべからざる者とみなされていた。その役割は、最高権威と民衆との仲立ちであった。

十三世紀から十七世紀にかけては、今日の公示・広告に当たるすべての役割を、「公示人《コンフレリ》」が果たしていた。彼らは正規の公務員だったが、公文書を読み上げるためだけでなく、商品や仲間組合の集会、遺失物、失踪人を告知するためにも町中を回った。

気立てやさしく器量良しの

〈大王令の布告〉を行う公示人（ラギエルミー、1841−1934）

たった十五の娘が一人
踊り踊りながらいなくなった……

個人的に仕事を依頼された場合、公示人はその依頼主から報酬を得ていた。そのかわり国に賦課租税を納めており、これがしだいに国家の重要な財源になってゆく。

むろん王令は文書で掲示されたが、識字率が低かったので、「国王および町の公示人」が「鳴り物入りで」布告する必要があった。普通一人の公示人に三名のトランペット陪審員が付いた。陪審員を従えた公示人は、馬にまたがり、町中に触れて回った。辻ごとに止まっては、文書を読み上げながら。四つ辻に来るとトランペットが吹き鳴らされ、人がぞろぞろ群がって来る。と、彼はおもむろに貼り紙を広げ、「いざ、聞くがよい、国王陛下におかせられては……」と始めるのだった。

フランスの治罪法典〔一九五七年廃止〕では、一八八九年になってもまだ、欠席判決に関する命令には、ほぼ似たような公示方法が求められていた。以下は高等裁判所《オート・クール》から、欠席被告人であるブーランジェ、ディヨン及びロシュフォールに対して言い渡された命令である。「本件ニツキ、本状ニ明記サレテイルコトヲ実施スベク、主席執行官ニ厳命スル。本状ヲ、らっぱモシクハ太鼓ナド鳴リ物入リデ公示サセ……」。

公示人もトランペット陪審員ももういない。しかし、太鼓を叩いて触れ回る鼓手は今もいる。

葬式通報人

十四世紀、「葬式通報人」の役目は、街頭で死亡を通報し、死者が人々の前に安置されている間、そのまわりで鈴を鳴らすことだけに限られていた。一四一五年には、彼らの職務は葬式の日時を告げ知らせることであり、一日に一件の葬儀しか扱ってはならないとされていた。この職務を通じて葬式通報人は喪中の家と接触し、家族は彼らに葬儀全般に関わる必要事項の指示をあおぐようになる。こうして彼らは、しだいに本格的な葬式取り扱い業者になっていった。十五世紀初頭、彼らはまだ、慣習上不可欠な「式服とコート、サージ、服喪用ベール」の賃貸を行っていただけで、それ以外の品物は教会から支給されていた。しかし、十六世紀には、ほぼ現代の葬儀屋に匹敵する役割を果たすようになる。

一六四一年、同業組合を通じて年間賦課租税を国に支払うという条件で、彼らは、王示により、葬儀用品を独占的に取り扱う権利を与えられた。この租税収益は捨て子の救済に当てられた（当時毎年約三百五十人の捨て子がいた）。死者が生者を支援していたことになる。

葬式通報人

葬式通報人組合の組合員であるためには、嫡出子でカトリック教徒であることを宣言済みの、品行方正な者でなければならなかった。組合は、「黒幕、白サージ、黒サージ、ビロード、サテン、喪服、装身具、棺覆い、スカーフ、標示板、天蓋、膝付き台用の四角いクッション、埋葬までの棺の安置所、銀器類」を供給する権利を与えられていた。葬儀の段取りをした葬式通報人――遺族なり遺言執行人からの依頼がない限り、葬式通報人から儀式を行うことを直接家族に申し出ることはできないとされていた――は、その式が組合にもたらした総収入の五分の一を受け取った。しかし、この頃はまだ、教会関係以外の業務にしかたずさわれず、棺の供給も司祭を通してしか行えなかったし、教会用の大蝋燭を調達するためには蝋燭業者に照会しなければならなかった。

彼ら「死者の鐘ふり」は、喪章を散りばめた黒の式服を着て、鐘をふりふり、故人の名前と肩書と住所をもの悲しげにとなえながら、町内を回った。

王侯貴族や財閥、成金らの間で、馬鹿ばかしく派手な葬儀が流行った時期、通報人組合は巨大な霊柩車を提供していた。ところが、この霊柩車たるや作りが恐ろしくやわで、いつ事故が起きてもおかしくないような代物だったので、用心のため車大工と馬具職人がひそかに車内に待機していた。死者の住まいから教会、教会から墓場までの道中、彼らが棺の上でサイコロ博打をしているのを、セバスチャン・メルシエ(3)は目撃している。

葬儀に通報人が二、三人も付こうものなら、これはもう大変な豪華版で、出費もかさんだ。黒の長い式服をまとい、銀の鈴を手に、彼らは葬列を先導した。

葡萄酒の呼び売り

印刷術が発明される以前、葡萄酒販売業者のために働く宣伝マンには二種類あった。居酒屋をかねた旅籠《はたご》の入口で、そこのオススメ品を大声で宣伝する呼び込み型と、首にかけたブリキの小笛をけたたましく鳴らしながら、隊列を組んで通りから通りへとねり歩く巡回型だ。「巡回呼び売り」は、試供品の葡萄酒をなみなみとついだ木製の大杯を手にかかげ、通行人に、のどが渇いていようといまいと、片っぱしから試飲させた。

修道士アルベリク・ド・トロワ＝フォンテーヌは、一二三五年の年代記に、次のような逸話を記している。神の福音を広めたいという一念に取り付かれた一人の老女がいた。アデレイドという名のこの狂信者は、布教活動

居酒屋の前で喧嘩する葡萄酒売り（J. P. ベルトー、18世紀後半）

をするには声量が足りないことに気付き、葡萄酒の呼び売りを大金で雇った。呼び売りは彼女のかわりに、「敬虔なる神、慈悲深き神、おやさしくも尊《たっと》い神！」という文句を繰り返しながら町中を回った。老女は、「いや、もっともだー、もっともだ！」と言いながら彼の後を付いて歩いた。間もなく女は逮捕され、あっけなく火あぶりの刑に処せられた。「神をあなどる思い上がった行為」とみなされたのである。

商人にならって、葡萄酒の呼び売りも同業組合を結成し、団体規約を持つようになった。一二二〇年、彼らにそれを許可したのはフィリップ尊厳王〔在位一一八〇―一二二三〕である。ただ、彼らの労働規約はいささか大ざっぱだったため、これがしばしば紛争の種になった。呼び売りは葡萄酒を小売り販売する宿屋への出入りを許されていた。しかし、客がいないと、主《あるじ》に無断で町に繰り出し、宿の名前を触れ回り、戻っては賃金をよこせと迫ったのである。賃金は最低でも四ドゥニエだった。四旬節(4)、日曜及び金曜、クリスマス週間、主な祝日の前日は一日一回、それ以外の日は毎日二回宣伝するのが彼らの義務だった。ただ、聖金曜日(5)と王族の葬儀の日は休業し、じっと鳴りをひそめていた。

万人に居酒屋になる権利を許可する一方、国王は、自分にもその権利を確保していた。善き地主でもある彼は、自分の領地の葡萄の収穫が終ると、その旨を触れ回らせた。そこで生産される葡萄酒の売り上げを伸ばすためである。呼び売りは、一人残さず国王の酒の売り込みに総力をあげることになり、国中の酒屋は、王領の貴《とうと》い葡萄酒が一滴もなくなるまで、閉店せざるを得なかった。これが、「国王の葡萄酒専売特権《ドロワ・ド・バン・ヴァン》」と呼ばれていたところのものである。

又売り屋

転売でわずかばかりの利ざやを稼ぐ商人は、すでに十二世紀頃からおり、又売り屋と呼ばれていた。彼らはおもにパリ近郊の農家や修道院から供給された品物の、又売り及び小口販売を許されていた。しかし、彼らは、いかなる品も自宅に備蓄してはならなかった。一二九二年度の人頭税台帳によると、当時、百二十名の又売り屋がいたことが記録されている。その後、この稼業は隆盛をきわめ、一六九四年には、三千名もの又売り屋がパリにいた。

又売り屋になるには、「小口商い状」と呼ばれる一通の許可証を手に入れればよかった。一七〇九年に下されたある裁決によると、この小口商い状があれば、又売り屋は以下の物品を「ごく微量」販売することができた。塩、干し草、ワラ、ビール、シードル、あらゆる種類のたきぎ、練炭、海水及び淡水魚、牛と羊の腸、調理済みのあらゆる肉、すべての食用及

ミルク売りの女
（J. P. グルーズ、1725–1805）

「クリームはいかが！」（F. ブーシェ、1703—70）

び薬用の草、卵、バター、チーズ、メロン・リンゴ・梨及びその他の果物、油脂、ラード、酵母、豚の皮、木炭、真珠灰（洗濯用）、酸味ブドウ果汁、酢、蝋燭束、ミルク、クリーム、鏡、珪ソウ、タバコ用パイプ、細砂、布地用糊、炭酸カルシウム、ナッツ、サクランボの砂糖漬け。

又売り屋からしか物を購入できない人々は、生活必需品をべらぼうな値段で買わされた上、「他の市民のカス」ばかり掴まされている、とセバスチャン・メルシエは苦言を呈している。一七八二年頃のメルシエの記録によると、こうした不遇な階層が手に入れる物は、おしなべて、他の市民より少なくとも三分の一は割高だった。もともと小売り値で仕入れた品物をさらに小売りでさばく又売り屋に頼っていたからである。「靴直し、石工《いしく》、仕立て屋、担ぎ人足、日雇いらは、葡萄酒、たきぎ、バター、炭、卵を買うのに、オルレアン公やコンデ大公よりはるかに高い金を払っている。三百万もの年収がある者の方が、その日暮らしの庶民よりずっと格安な食料品を入手しているのだ」。

すでに革命の時が足早に迫っていたのは、この記述からもうなずける。数年前だったら、このような指摘をあえてする者は誰もいなかったはずである。

貸し傘屋

一七六八年、オラトリオ修道会の修道士カラッチオーリは、当節のパリジャンには雨傘が必携品であると述べたあと、次のように付け加えている。「下層民と間違われたくない連中は、遊歩道で徒歩の輩《やから》とみなされるくらいなら、濡れた方がはるかにましだと思っている。雨傘は、馬車を従えていないことの明確な証しだからである」。

当時のプレイボーイは、にわか雨より日差しを避けることの方にきゅうきゅうとしていた。日光で美肌を損ねるよりは、雨に濡れる方がずっと良かったからである。濡れた服は乾かせばすむではないか。日傘《パラソル》賃貸業などというアイディアが生まれたのも、おそらく、こうした風潮があったからに違いない。この業務の主たる目的は、橋を渡ることにあった。街路はさほど広くないから日陰を探すのは簡単だが、橋はそうもゆかない。こうして、目はしのきく商人らが、日傘と雨傘の公共賃貸業を始めた。何リアールかを支払うと、彼らの雇用人が、溝や排水口にかかった板を渡る間、通行人に傘をさしかけ雨から守るのである。晴れた日はパラソルで遊歩道をおともした。

革命前夜の雨のパリ（セバスチャン・メルシエ『タブロー・ド・パリ』の挿絵）

一七六九年、ある会社が、夏の間パラソル賃貸業を営む権利を獲得した。これについてバショーモン[6]は、次のように記している。「どうやら、新橋《ポンヌフ》の両端にもうけられた窓口で、日焼けを気にする洒落者が、用意してある傘を借り、もう一方の窓口で返すという寸法らしい。賃貸料は一人二リアールだそうである」。国立公文書館に保存されている警察の資料によると、この権利を獲得した会社が業務を開始したのは同年の九月十六日のことである。この会社は、その後雨傘賃貸業も始め、ついには夜間営業までするようになった。

ウーブリー！　ウーブリー！

中世の頃、「ウーブリ屋[7]」といえば、脂肪分の少ない焼き菓子しか製造しない菓子屋のことだった。ウーブリ屋という肩書きは、「種なしパン《ウーブリ》」ないし聖体パンから派生したものである。当時、聖体拝受用にこの菓子を製造する権利を持っていたのは、彼らだけだった。その後、初期の規制は消滅したが、肩書きだけは残った。

ウーブリ屋が「贖罪《パルドン》のゴーフル」と呼ばれる菓子を大量に小売り販売したのは、主に四旬節前後の祝祭日の時である。宗教的な絵や文言で美しく飾られた、砂糖とスパイスのきいた菓子が売られた。祭の間、ウーブリ屋は教会の周辺に、およそ二トワーズ〔一トワーズ＝約二メートル〕おきに「大窯」を設置し、菓子を焼きながら大声で客寄せをした。はるか彼方までただよう芳ばしい匂いにつられ、多くの善男善女がおびき寄せられた。歴史家のモンテイユ〔一七六九―一八五〇〕は、あるウーブリ売りの台詞を通して、十四世紀におけるこの商いの実態を活写している。「真冬の謝肉祭[8]が俺たちの稼ぎ時。晩の七時、帰宅消灯の鐘[9]が鳴る頃にゃ、もう石も割れんばかりの寒さだ。これが潮時よ。満杯のウーブリ籠を肩に担いで、街に繰り出す。ウーブリー！　ウーブリー！　ってな。窓ごしに子供や召使が呼

ウーブリ

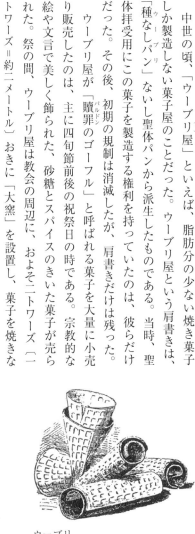

パリの街を行くウーブリ屋

レンブラントの描いたウーブリ屋（1635年）

ぶ。で、そこんちまで上がってくって寸法さ。うっかりユダヤ人ちに入り込んで罰金を取られるなんざざらよ。血の気の多い若けぇ衆にむりやりサイコロを振らされることだってあらぁ、現金《げんなま》勝負でよ。で、また罰金だ。祭の日に、仲間を一人荷運びの助っ人にしたからっちゃ罰金、隣のウーブリ屋との間が二トワーズ以内だからっちゃ罰金。何でもかんでも、罰金、罰金、罰金だ！……」。

　彼らが町を回ったり、居酒屋に顔を出して商売をするのは主に夜だった。居酒屋の常連は、ウーブリ売りが今晩何個のウーブリを持ち帰るかを賭けて、サイコロ賭博をした。ウーブリで満杯だった籠が、あっという間に空っぽになってしまうこともあった。『トレヴー辞典』が出版（一七〇四年）された頃、冬の夜ウーブリを売り歩いて小遣い稼ぎをしていたのは、菓子屋の小僧たちだった。小さな籠の中身が売り切れると、人々は彼らに歌を所望した。

　我々の父親世代の人たちは、ウーブリ売りに対してある種の恐怖心を抱いていた。彼らにまつわるあまりかんばしくない風説が、人々の連想を刺激し、安眠を妨げていたのである。当時のウーブリ売りは、草木も眠る丑三つ時に、夜回りのような陰々滅々たる声で菓子を売り歩いていた。

眠れる者よ、目を覚まされよ！
死者のために祈られよ！
ウーブリー！　ウーブリー！……

その彼らを、夜食のあと家に上げる習慣が悪弊をよんだ。スキャンダラスな出来事がひんぴんと起き、中には、強盗団の一味になったウーブリ屋もいる。ルグラン・ドーシー(10)はこんな話を伝えている。盗賊のカルトゥシュ(11)が強盗団を組織した時、一味の中でウーブリ売りに化けて悪事を働いた者が何人かいた。このとばっちりで、まっとうに働いていた本物のウーブリ屋まで、警察から夜回りを禁じられてしまった〔一七二二年〕。

ジュースはいらんかねー！

十八世紀末のことである。六月のある暑い日、一人の屈強な男がグレーヴ広場(12)に現れて、可動式給水器を据え付け、商売を始めた。縫い目という縫い目をブレードで飾り、鈴がじゃらじゃら付いた真っ赤な服を着ていた。男が売っていたのは、一杯一リアールの、おいしくて、さわやかで、透明な飲み物だった。いまだかつて誰も味わったことのない飲み物だったので、パリジャンはこれを

〈ココ〉と名付けた。なんとなくココナツミルクに似ていたからである。実際は、カンゾウの茎を漬けた水にレモンジュースをほんの少したらしただけのものだった。新種の飲み物を味わおうと、パリ中から人が殺到し、男の電光石火のつぎ方に目を見張った。片手を一振りしただけで、彼は蛇口を三つ開け、一度に三つのコップを満たした。

この革新的なアイディアの持ち主は、あっという間に財をなしたが、新手のライヴァルが現れるのも早かった。そのほとんどが、移動販売方式だった。彼らは、ココを入れた金属の給水器を背負い、町をゆらゆら巡回した。給水器の左下から導管が一本延びていて、その先端に蛇口が付いていた。ココは庶民の愛飲物となり、パリの腕白ども

「ビンにコップ！」

ココ売り。「ジュースはいかが！」

にとってはシャンパンにも匹敵する飲み物になった。革命記念日には、みんな、〈マルセイエーズ〉を歌いながら、ココを飲んだ。こうした、誰もが同胞愛に胸をふくらませる時節には、ココ売りは、錫引きのピカピカのコップにジュースをついだ。これだと洗う手間が省けるからである。その後、器具はさらに改良され、左腕の下から延びてる管が二本になった。一本はジュース用、もう一本はコップ洗浄用の水を通すための管だった。洗ったコップは脇にさげた布巾でふいた。ココ売りは小さな鐘をりんりん鳴らし、「ジュースーはーいらんかねー!?」と叫びながら歩いた。

一八六五年、ドイツ発祥の「トリンク＝ハル」なる一杯飲み屋が出現し、ココ売りは深刻な打撃をうけた。大通りや目抜き通りに店を構えたトリンク＝ハルは、苦みのあるオレンジエードやスグリのシロップなど、毒にも薬にもならない飲み物を手頃な値段で提供した。ココ売りらはしぶとく抵抗したが、やがて、徐々に姿を消した。

プレジール！

ウーブリ屋にかわって現れたのが、「プレジール《おたのしみ》」(13)を売る女行商人。パリの至る所で彼女らの声がした。一七三八年には、『大通り《ブールヴァール》の朝』という芝居に出てくるほどの人気者になっていた。作者のファヴァール(14)が、その他大勢の商人の一人として「プレジール売り」を登場させたのである。そこで彼女が口ずさむのが、こんな一節。

さーさ、お楽しみ《プレジール》売りだよ、
プレジール！
プレジールは、いらんかね！
おいでよ、坊ちゃん、
おいでよ、嬢ちゃん、
クロケ[15]にジャンブレット[16]、
ボンボンが、
よりどり見どりだ。
さーさ、プレジール売りだよ！
プーレジール！　プレジールー！

プレジール売りは愛敬者だった。菓子を売るという仕事柄、愛想の良さが求められたし、言い寄られてもあまり邪険にしづらかった。その上この菓子に付けられた「プレジール」という名称が、艶っぽい連想を掻き立てずにはおかなかった。カストネール[17]は、彼女らの「さーさ、奥さん方《メダーム》、プレジールだよー！　プレジールー！」という呼び

ポン＝ヌフの上の物売り。昔は橋の上に家が建っていた（1800年頃）

声は、最高に美しい響きをもつ楽句《フレーズ》の一つだと言っている。が、やがて男どもが彼女たちの商売仇になる。王政復古時代〔一八一四―三〇〕初期のマルセイユでは、男がこの菓子を昔の名前で売っていた。

ウーブリ屋でござる！
ルイ万歳！
我を忘れるよな、うまいウーブリ、
国王万歳！

第二帝政〔一八五二―七〇〕末期には、サンミッシェル大通りに、「プレジールおばさん」と呼ばれる名物女がいた。背が高くて太った、いつも愛想の良いこの女性は、商売仇の男どもを尻目に、よく響く声に節を付けて叫んでいた。

さーさ、奥さん方《メダーム》、プレジールだよ！
試してごらんな、いいもんだ！

一九〇〇年頃になると、プレジール屋も様変わりした。公園で、今かいまかと待ち構える子供らの前に、金属の筒を背負って現れた。相変わらず、客寄せのために「ディ＝トゥ」と呼ばれる拍子木は鳴らしていたが、もう小かごも手提かごも持っていなかった。無酵母の聖体パンみたいな、あまり風味のない菓子は、背中の筒状の容器に入れられており、容器のふたには小さなくじ引き用の円盤が付いていた。子供が近付いて来ると、その大きな容器を地べたに置き、一スーで円盤の針を回させた。針が止まった位置の数字の数だけ、菓子がもらえる仕組みだった。

ガーラスー!

今世紀初頭にはまだ、ガラス屋が町や村を回っていた。板ガラスを入れた「しょいこ」を背負い、「ガーラスー!　ガーラスー!」と叫びながら。ほとんどがピエモンかミディ、もしくはリムーザンの出身だった。彼らの呼び声は、「悪気はないが、馬鹿でかくて、ガラスを入れ替えるというより、壊しに来たのではないかと思えるほど、エネルギッシュでぶっきらぼうだ」と、カストネールは指摘している。

1842年頃のガラス屋

人々が猟歩兵を「ガラス屋」と呼んだのは、太陽にきらめく「しょいこ」にちなんでのことである。猟歩兵の革カバンが、ガラス売りが背中にしょっているガラスみたいに、ピカピカに光っていたからだ。しかし、マラルメの詩にまでうたわれた、ガラス屋の「しょいこ」の方が、ずっと風情があるのは否めない。

清らかな太陽が
めくるめく、あまりに多くの輝きを
背中で反射させたため
ガラス屋はついにシャツを脱ぐ

【訳注】

（1）公衆浴場：一二九二年、パリには二十六軒以上の公衆浴場があり、日曜祭日を除く毎日営業していた。

（2）リディア：小アジアにあった古代王国。首都サルディス。メルムナダイ朝（前七―前六世紀）期に栄えるが、前六世紀ペルシャ人に滅ぼされた。

（3）セバスチャン・メルシエ（一七四〇―一八一四）：フランスの作家、劇作家。『パリ情景 *Le Tableau de Paris*』で、フランス革命直前の風俗を描いた。

（4）四旬節：キリストが荒野で四十日間断食したのを記念する大斎と悔悛の時期で、灰の水曜日から復活祭の前日までの日曜日を除く四十日間。キリスト教の教会暦では、復活祭を中心とする一連の祝祭日は、年により日にちが変わる。復活祭は、春分後最初の満月の次の日曜日、すなわち三月二十三日から四月二十四日の間のいずれかの日で、四旬節、聖金曜日などもこれを基準に算定される。

（5）聖金曜日：キリストの復活日前の金曜日。キリストの十字架上の死を記念する日。

（6）バショーモン、ルイ＝プチ・ド（一六九〇―一七七一）：フランスの作家、パリに生まれる。著書に『秘密の回顧録 *Mémoires Secrets*』がある。

（7）ウーブリ：ウエファースの一種。鉄板で焼いた卵入りの小麦生地を円錐形などに巻いた菓子。ウーブリ屋を相手にサイコロで賭けをしたり、夜食後、座を盛り上げるために、ウーブリ屋を家にあげる習慣が古くからあった。

（8）謝肉祭：復活祭前の精進期間である四旬節をひかえて、その直前の三、四日を浮かれ騒ぐ民俗習慣的祭。

（9）消灯の鐘：中世の都市の住民は鐘の音に合わせて生活しており、その主なものは朝の鐘、夕べの鐘、召集の鐘だった。朝の鐘で市門が開けられ、夕べの鐘で閉じられた。

（10）ルグラン・ドーシー（一七三七―一八〇〇）：フランスの碩学。著書に『フランス人の私生活 *Histoire de la vie privée des François*』がある。

（11）カルトゥシュ（一六九三―一七二一）：パリに出没した盗賊の首領、車刑に処せられる。

（12）グレーヴ広場：現在のオテル・ド・ヴィル広場。かつてはセーヌ川まで続く港だった。

（13）プレジール：楽しみ、喜び、性的快感などを意味するフランス語。ウーブリ屋をかたって悪事を働くものが大勢出たため、一七二二年ウーブリの行商販売が禁止され、その後、これにかわって現れたのがプレジール売り。ウーブリもプレジールもほぼ似たようなウエファース状の菓子。
（14）ファヴァール、シモン（一七一〇—九二）：フランスの劇作家。ミュージカルコメディーの始祖。
（15）クロケ：アーモンドクッキー。
（16）ジャンブレット：王冠形アーモンド風味の小さな菓子。
（17）カストネール、ジョルジュ（一八一一—六七）：フランスの指揮者、作家。『パリの声 *Voix de Paris*』と題するエッセーで、中世から十九世紀までのパリに響いた庶民の声について述べている。

2 ペンと筆

写本師と写本装飾師

古来、どの修道会でも、写本は、最も厳しく修道士に課せられた義務の一つであった。修道士がまさに写本の筆を取ろうとするその瞬間、必ずある祈りが唱えられた――サン＝ジェルマン＝デ＝プレ教会の写本の中にその文言が残っている。修道士らは、写本によって罪のつぐないをしているのだと信じていた。したがって、カルトゥジオ修道会の規則にしても、彼らの素朴な願望を写本という行為の中に込めたものと言える。写した文字の数だけあの世で罪が許される、と説く修道院もあった。とすると、修道士は、それと同じ数だけの罪をこの世で犯しても良かったのだろうか？

修道院以外でも、かなりの数の識字者が

写本師（15世紀）

ジャン無畏公に『オリエント物語選集』を奉献するジャン・ハイトン（1410年頃）

写本を生業としていた。一二九二年の人頭税台帳には二十四人の名があげられており、彼らはパリのほぼ全域に分散していた。十四世紀末にはおよそ六十名の写本師がいた。パリの写本師は腕が良いことで知られており、王侯貴族や金持ちに高額で雇われていた。アンリ・ド・トレヴーやラウレ・ドルレアンは、その見事な写本により、今日までその名をとどめている。二人ともシャルル五世〔在位一三六四―八〇〕一族のおかかえ写本師だった。自らも写本の大家であった歴史家のギユベール・ド・メッツ〔一三五〇／六〇頃―一四三四以降〕は、当時活躍していた多くの写本師について語っている。「たぐいまれな写本師」だったゴベール、イングランド国王のおかかえだったシカール、ロードス騎士団長付きのギユマン、オルレアン公に雇われていたクレスピー、写本師より賢者の石の発明者（自称）として有名だったニコラ・フラメル。このうちの何人かは、サン＝ジャック＝ラ＝ブシュリー教会と背中合わせに並ぶ粗末な家に住んでいた。ニコラ・フラメル〔一三三〇―一四一八〕が、「高さ五ピエ〔一ピエ＝約三二・五センチ〕奥行二ピエほどの二軒のあばら屋」に居を構えたのもここである。しかし、金回りが良くなったとたん（ユダヤ人を搾取して儲けたのだと巷ではささやかれていた）、彼は、かつての仲間である写本師や代書屋の店が軒をつらねる通りのまん前に、豪勢な屋敷を建てた。

フランスで印刷された最初の本、『ガスパリーノ・バルジジオのラテン語書簡』[1]の序文に、次のようなくだりがある。「これまで、文学は、さまざまな災難をこうむってきた。加えて、写本師による不正確な記述である。おかげで、文学は、蛮境の地にでも放り込まれたかのごとき無教養な様相を呈していた。この害悪がパリから追放されるのを見るのは、無上の喜びである。ドイツから来

『ノートルダムの奇跡』を翻訳するジャン・ミエロ（1456年）

た印刷工らは、原本を正確に再現してくれている」。

印刷機械により生活手段を奪われた気の毒な写本師らは、デッサンや習字、字の綴り方、はたまた算術の手ほどきまでして、糊口をしのいだ。

一五七〇年初頭、「写字師」が共同体を設立したのは、ほぼ以上のような状況でのことだった。

かつて書物の原典は、写本師による写本作業がすむと「写本装飾師《アンリュミヌール》」あるいは「細密画師」の手に渡されていた。写本装飾師とは、「写本に装飾模様をほどこす人」のことである。彼らは、写本の中の装飾模様や装飾文字用に割り当てられた空白部分を埋めていた。写本装飾技術は「イリュミナール」とか「バビュイナール」と呼ばれていた。「バビュイナール」というのは、欄外装飾や写本の中で大文字に時々描き加えられている奇妙な人物像を意味する、「バブー」という言葉から派生したものである。一二九二年には、十三名の写本装飾師がパリにいたが、そのうち八名がエレンブール街に住んでいたと人頭税台帳に記されている。十四世紀、この通りは改名され、アンリュミヌール街となった。

写本装飾には、まずすべての人物像をペンで描き、その上に色絵の具や金で一つずつ彩色をほどこしたものもあれば、単彩《グリザイユ》ないしは線影だけのものもある。宗教的な内容の本の場合は、きらびやかさや優美さを出すために、ぼかしの技法が用いられることもあった。この種の聖書や聖人伝を扱った写本に、猥褻な装飾がほどこされていることが多いのは、驚きである。シャルル＝クァント(2)は愛人のために時祷書を作らせたが、全編アルブレヒト・デューラーにより描かれた常軌を逸した装飾画で縁取られていた。そこには、浣腸をし合うなど、ありとあらゆるみだらな行為が図示されている。ヤン・ヴァン・エイクが長い間私蔵していた聖書には、ロトとその娘らの逸話が、そのまあからさまに描かれている。ルイ十一世〔在位一四六一―八三〕の顧問官ルイ・ド・ラヴァルが、王女のアンヌ・ド・フランスに遺贈した見事な時祷書では、一人の妻が夫の前で愛の悦びに身をゆだねている。

十八世紀末、写本装飾師は「挿絵画家兼彩色師」になった。彼らは、地図や複製版画などあらゆる種類の原板を印刷させ、装飾がほどこしてあろうとなかろうとお構いなく、売りさばいていた。彼らには、何でも好きなものに挿絵をする権利が与えられていた。

代書人

代書人は、かつての写本師である写字師の組合に属していた。もっとも、宮廷に確固たる地位を築いている者や、イノサン墓地[3]の代書人らとつましい顧客を分け合っている者は別だった。

イノサン墓地の代書人の屋台は、この古い大墳墓一円の、骸骨で埋まった納骨堂がつらなる、一階の長い回廊を占拠していた。セバスチャン・メルシエは、こうしたしがない代書人を巧みに描写している。「鼻眼鏡をかけ、震える指先に息を吹きかけながら、その代書人は、五スーで代書を請け負っている。この中には、インク・紙・封蝋代及び文体の代金も含まれている。代書人らは、女中たちの秘めやかな恋の受託者だ。なぜなら、彼らが彼女たちの愛の告白や返事を代筆しているのだから。女たちは、まるで贖罪司祭に罪の告白でもするように、庶民の秘書の耳元にささやく。彼女

イノサン墓地と納骨堂（18世紀）

カスティリオーネ街とサントノレ街の角の恋の受託者
（G. オピッツ、1775−1841）

たちにとり、代書人の屋台は立て付けの悪い告解室のようなものなのだ」。

代書人は、料理女の帳尻合わせにも首を突っ込み、彼女らが「主人の金をくすねる」のに手を貸した。一七七九年に出版されたある書物には、パリ中どこへ行っても、代書人が粗末な屋台を構えていない通りはほとんどないと記されている。国王や大臣宛ての請願書は、もっとも実入りの良い仕事だった。請願書の代筆には、十二スー支払われた。「折衷書体が用いられたし、文体もずっと格調の高いものだったから」である。

人呼ぶところの「イノサン墓地の書記」は、君主や貴族と、間接的にではあるが、たえず接触していた。平日ならいつでも、人民は請願書を国王、王妃あるいは王族に提出できたからである。勤務中の衛兵隊長のところに請願書を届ければよかった。毎日曜の午前中、国王の控えの間に小机がしつらえられ、何人《なんびと》の請願書であろうとそこに置くことを許されていた。それらの書状は国王陛下に届けられ、その後所轄の大臣に回された。

今世紀初頭まで、代書人はその業務を続行しており、なかなか繁盛していた。パリの東駅近くにも、そんな代書人の一人が、屋台を構え一心不乱に仕事をする姿が見られた。

寄宿学校の教師

当初、コレージュ(4)は、教育機関ではなく、貧しい学生たちに食住を提供する施設、つまり寄宿舎だった。「コレージュの舎監」は、それらの学徒を、大学から認可された文学博士らが自宅で行う

説教をする教師（A. ボス、1602―76）

授業に引率した。「ブルス」(5)という言葉は、一人の生徒にかかる経費を意味していた。「我が施設はかように多くのブルスで設立されたのでありますす」とコレージュの創設者が宣言した場合、それは、生徒数分の維持費に必要なだけの寄付金は確保した、という意味だった。授業は公開で、自宅から通う生徒も大勢いた。パリから離れたところに住む親や、子をもてあました親が、「給費生」に支払われるのと同額の金を毎年納入してあずかってもらう場合もあった。責任を持って子供に住む場所と食事を与え、給費生とともに教授の所まで引率してくれることを条件に。

十四世紀末頃になるとコレージュが創設されることはめったになくなった。そこで、利にさとい企業家らが似たような施設を建てることを思い付き、「ペダゴジー」と呼ぶ私設寄宿学校を開設した。現在我々が侮蔑的に

「まずい料理を出す食堂主《マルシャン・ド・スープ》」と呼んでいる連中、つまり、寄宿主からボルことしか考えない悪徳私立学校経営者の元祖が、彼らである。ペダゴジーは、「コレージュでブルスを貰えない生徒が、自腹を切って入る」ところだった。宿舎や授業内容が劣悪なうえ、生徒を失うのを恐れて躾《しつけ》をおろそかにしたため、学生の質も悪かった。しかし、そのペダゴジーもしだいに改善され、コレージュと匹敵するくらい質の高い教育機関、「パンショナ」に生まれ変わる。一七七九年当時、パリには、四十のパンショナがあり、寄宿費は千から千二百リーヴルだった。

寄宿学校の教師になるのは大変だった。いくつもの難関を突破し、やっと文学士の資格を取っても、大学の規律を遵守し続けるという誓約をとられたうえ、ルイ＝ル＝グラン・コレージュでラテン語の講演を行うことを義務付けられていたのである。

左官修道士

十七世紀には、猛毒性の白色顔料である鉛白もしくは白鉛が重要な役割を果していた。この頃から、住居に漆喰が塗られるようになったからである。ただ、白鉛は硫化水素に触れると黒っぽくなるという欠点があった。もっと悪いのは、これが人体に害を及ぼすことだった。しかし、そのおかげで、「跣足《せんそく》カルメル会修道士の白色塗料」が、その後一世紀に渡り隆盛を極めることになる。跣足カルメル会の修道士らは、優秀な化学者とみなされており、同修道会の指導者の一人であったトリュシエ(6)神父は、当時の学者の中でも名だたる人物だった。ジェルマン・ブリス(7)は、著書『パリ点描』の中で、この神父の研究室は、「無数の、ありとあらゆる種類の機械で埋まっている」と記している。その化学的名声に支えられ、修道士らは独自の方法で製造した白色塗料で商売を始めた。鉛害による腹痛に苦しむ多くの民間塗装工に対しては寸分の情けもかけず、修道士らはその製法を秘守し、自ら各家庭に漆喰を塗りに出かけた。

一六七一年、ルイ十四世は、彼らの腕を見込んで仕事を依頼した。当時の建造物決算書により、彼らの仕事の足跡をうかがうことができる。「シャラントンの跣足カルメル会修道士の会計係に、トリアノンの屋敷一棟を塗装すべく修道士一名をよこした心付けとして三百リーヴル」。だが、彼らの仕事がこんなに繁盛したのは、たまたまその当時、カルメルの白が流行っていたからにすぎなかった。『メルキュール・ギャラン』誌は、一六七三年〔?〕四月号で次のように指摘している。「オーグスタン修道院の図書室を視察したピガニオル・ド・ラ・フォルス[8]が、そのアーチ状の天井がカルメルの白で塗られていると著書に記したからといって、また、ベルヴュー城を訪れたバルビエ〔不詳〕が、カルメルの美しい白色で塗装された内装に陶然としたからといって、いちいち驚くには当たらない」。

ところで、その成分は一体何だったのだろう? ディドロの『百科全書』〔一七五一―七二〕によると、これは、極白色のサンリスの石灰を非常に畑かい目のフルイにかけたものであった。それを塗装し、完全に乾くとまた塗りなおす。これを五、六回繰り返したあと、ブラシか手の平で磨きをかけた。その成分が何であったにせよ、カルメルの白色塗料は鉛白を打倒した。しかし今度は自分たちが、「亜鉛の白」を前に敗退をよぎなくされる番だった。

【訳注】

（1）ガスパリーノ・バルジジオ（一三七〇—一四三一）：イタリアの文献学者。『カスパリーノ・バルジジオのラテン語書簡 *Gasparini Bergamensis Epistolarum Opus*』は、一四七九年ソルボンヌから出版された。

（2）シャルル＝クァント（一五〇〇—五八）：神聖ローマ皇帝（在位一五一九—五六）、カルロス一世としてスペイン王（在位一五一六—五六）、オランダ王、シチリア王も兼ねる。

（3）イノサン墓地：一一八六年、昔の中央市場の近くに建てられた墓地。一七八六年に墓地は廃止され青果市場になる。現在のイノサンの泉は、廃止の際サン＝ドニ街から移されたもの。

（4）コレージュ：その後、施設内で中等教育を行う大学付属の寄宿学校となり、現在の公・私立中学校に至る。

（5）ブルス：原義は財布、巾着。その後本文にもあるように奨学金、給費の意味でも用いられるようになった。

（6）トリュシェ、ジャン（一六五七—一七二九）：別名セバスチャン神父。フランスの物理学者、設計技師。貨幣製造機、布地用クリーニング機など、多くの工業用機械を設計。第5章〈からくり人形〉の項参照。

（7）ジェルマン・ブリス（一六五二—一七二七）：パリの観光ガイドの元祖の一人。『パリ点描 *Description de Paris*』は、一七五二年、第十刷を数えた。

（8）ピガニオル・ド・ラ・フォルス（一六六九—一七五三）：フランスの資料編纂官。著書に『新版フランス歴史・地理点描 *Nouvelles descriptions historiques et géographiques de la France*』がある。

3　早打ち

飛脚

鮮やかな細密画で彩られた中世の写本をひもとくと、「国王の箱飛脚」に出くわす。彼らは、脚ごしらえも軽やかに赤などのジュストコール[1]をまとい、身分の証しとして王杖を掲げている。「町飛脚」はずっと粗末ななみなりをしていて、たいていの場合徒歩だった。

ピカルディーの国民決議書（一四七六―八三）に記録されていた、北仏ティエラルシュにあるギーズ大学の飛脚[2]、ジャン・ルキューのポートレートを紹介しよう。「首を保護する垂れ頭巾の上に丸い帽子をかぶったこの男は、チュニックを着、ゆったりした膝丈のズボンをはいている。その上には、風雨から自分の体と書簡を守る大きなマントをはおり、手に槍をたずさえ、堅く巻いたゲートルの上に頑丈な靴をはいている」。ヨーロッパ諸国の飛脚の衣装は、細かい点を除けば、おおむねこんなものだった。彼らは、その職業を証明するための「シンボルマーク」を付けており、国王の飛脚は王家の紋章を付けていた。十三世紀の記録によると、それらの紋章は、かぶり物か襟に付けられていた。一四七三年、ロレーヌ公の飛

飛脚（15世紀）

脚は、主君の紋章が付いた箱か杖を持っていた。大学の飛脚は、所属する学校の紋章を衣服に付けていた。彼らは、仲間同志で認知しあえるよう、聖シャルルマーニュの肖像が刻印されたメダルまで持っていた。聖シャルルマーニュが彼らの守護聖人(3)だったのである。町飛脚は、それぞれが所属する町の紋章を誇らしげに付けていた。

ある旅回りの道化役者は、「箱飛脚」をこんなふうに描写している。

飛脚になって、はや一年
来る日も来る日も文箱を持ち
奥山じゃ、たんと危うい目もみてる
十一フランと引き換えに……

箱飛脚という名称は、彼らが書類を専用の箱に入れていたことに由来する。それは、一三〇六年、「マオ・ダルトワ伯爵夫人〔?―一三二七〕が手紙を入れていた、ニカワで固めた革の宝石箱」のように、ごくシンプルな箱だった。しかし、一三六九年に作られたジュアル女子大修道院院長のは、七宝をほどこした銀の箱だった。

飛脚制度ができたての頃〔十三世紀初頭〕は、書簡を安全確実に運送するのに、かさばる容器は不要だった。当時は長たらしい手紙はめったになかったので、ごく小さく折りたたみ、鍵のかかる箱に納められた。箱の素材は革や金属、もしくは木製で、形は千差万別。たいていは、ベルトに付けて運ばれた。聖人に身をていして仕える職業の人という「イメージ」が、彼らを道中の危険から守った。

書簡の引き渡しとは別に、飛脚は、政治的ないし軍事的、さらには救急医療に関わる指令の伝達にもたずさわっており、物腰態度は慇懃だった。モン＝サンミッシェル年代記の付記を信ずるなら、徒飛脚《かち》には一日当たりトゥール硬貨(4)で約七スー六ドゥニエ、馬飛脚には十二スー五ドゥニエが支払われていた。

鮮魚運搬人

迅速な輸送手段がない時代、内陸で新鮮かつおいしい魚を手に入れるのは至難の業《わざ》だった。セネカ〔前四頃―六五〕によれば、ローマ人は、捕獲した魚をその日のうちにローマまで運ぶ飛脚をかかえていたという。たしかに、古代ローマの港、オスティアは、ローマからわずか二十数キロだから、さほど驚くには当たらない。しかし、アピキウス(5)は、ある日おかかえの「鮮魚飛脚」に命じ、パルティアに遠征中のトラヤヌス皇帝〔在位九八―一一七〕に、はるかかなたのカスピ海から新鮮な生牡蠣を届けさせた。フランスでは、十三世紀頃から魚の消費量が上がり、「鮮魚運搬人」は、内陸地方、それも主にパリに海産物を供給した。もう、ピカルディーやノルマンディー沿岸からパリまで、徒歩で運んだりはしていなかった。運搬人は、魚籠を馬に背負わせ、パリへパリへと駆り立てた。時代が下り、軽装備の馬車を使っていた時代には、彼らは「海の御者」と呼ばれていた。

無数の障害が彼らの行く手をはばんだ。法外な通行税、頻発する事故、僧侶や貴族ばかりか王室の御用商人らによる魚の横領めあての襲撃。おまけに悪路が、彼らの任務をいっそう困難なものにした。というのも、遅くとも二日以内に、パリに着かねばならなかったからである。「海の御者」が通る街道の修復管理は、さまざまな人にたくされた。一五四三年、「鮮魚監査官」は、街道の近隣村落住民を修復工事に当たらせた。一六九六年、高等法院《パルルマン》はこの任務を「鮮魚担当代訟官長」に委任した。一六九七年、ピカルディー及びノルマンディー地方の国王裁判所裁判官に、鮮魚運搬人その他が通行する道路の修復が命じられた。しかし、工事を実際にやらされるのはいつも、お上から勝手に賦役を課せられた、街道周辺の貧しい人々だった。

パリの中央市場では、長い間、魚一リーヴル〔約四九〇グラム〕当たり十二ドゥニエの課税がかけられていた。親方代表がそのうちの十ドゥニエを自分らの給料として天引きし、二ドゥニエが鮮魚運搬人のものになった。運搬人らはこれを特別資金に当て、その積立額は、年間九千リーヴル〔旧貨幣単位。一リーヴル＝二十スー〕にも上ることがあった。この資金は道中の損失補填に当てられた。馬の衰弱、人身事故、盗難、商品の損傷……。

一六七一年、ロクロワの征服者[6]が、ルイ十四世を招いて催した晩餐の時、鮮魚運搬人の到着が遅れた。司厨長のヴァテルは、これを恥とし自刃した。

宿駅長

かつて街道筋にはおびただしい数の貸し馬屋がいた。しかし、十六世紀に起きた一連の宗教戦争が、壊滅的な打撃を与えた。馬は死に、家屋は壊され、貸し馬屋も四散した。一五九七年三月と五月の王示により、「宿駅総務衆」という新たな役職がもうけられ、二名の者が任命された。彼らの任務は、各都市に旅客用の中継馬の用意がある「宿駅」を設置し、そこに長、つまり貸し馬屋の親方を置くことだった。「宿駅長」の職務はこと細かに規定されていた。各馬の尻にはアルファベットのHの上に一輪の百合の花が、「焼きゴテ」で、押されていなければならなかった。馬の早駆けは禁止されており、違反すると十エキュの罰金が科された。馬は、難路は別にして、約十二から十五リューを一行程として貸し出された。パリには、十六の地区に各一舎、宿駅が設置された。

宿駅総務衆は駅馬車の総監督官も代行させられていたため、貸し馬屋と客の間に起こる無数の係争をさばかねばならなかった。一六八七年、ルーヴォワ(7)は、ルモワンなる男を「王国賃貸馬徴税吏」に任命した。が、一六九一年の宣告により貸し馬屋に対するすべての統制は解除される。

宿駅長らは、乗り合い馬車や郵便馬車用の馬を貸すだけでは満足せず、厩舎の横に旅籠《はたご》を建てた。旅行者は、馬を交換する間そこで食事ができたし、日程を終えたあとは宿泊もできた。宿駅長のほとんどが、警察のスパイであり、彼らは、人の移動、特に外国人の動向を、逐一警察に通報していた。したがって、不測の事態に際しての旅人の移動の差し止めなど、警察にとってはわけのないこ

パリ＝ポワシー間を運行していた乗り合い馬車〈カッコー〉

とだった。宿駅長に馬の貸与を禁じるだけで良かったからである。

鉄道が敷設される前の数年間、パリ周辺の宿駅長は各自八十から百頭の馬を操業していたという説がある。[8] しかし、この数字はにわかには信じがたい。というのも、一七〇二年度〔?〕におけるフランス一設備の整った宿駅は、ブルジェだったが、ここで擁していた馬はたったの二十七頭にすぎなかったからである。ルイ＝フィリップ〔在位一八三〇―四八〕が王位に就くか就かない頃の貸し馬屋が、そんなに羽振りが良かったとは思えない。

駅馬車監督・御者・騎乗御者

駅馬車の旅は大変だった。時には遭難することもある、がたぴし揺れる長い旅路のパイロットであり、馬車の運行になくてはならない大切な人。それが駅馬車監督だった。駅馬車監督を御者や騎乗御者と混同してはならない。駅馬車監督は、ラッパの音で出発を告げ、宿屋の主と暗黙の了解をとりながら食事の時間を決め、きちんと重心がとれるよう積み荷を監視し、各駅では馬具の点検をし、時々火をふく車輪に目を配り、必要なら御者もつとめた。駅馬車監督は、ルートにも精通していなければならなかった。下り坂で制御装置の操作をするのも彼である。重量が四千五百キロを越えることも珍しくない車を減速させるためには、この装置で大きな車輪のリムを一瞬のうちに鉄板にはめこむ。監督は、御者台から、一本の鋼《はがね》のビスを回しながら、この装置を作動させた。非常にデリケートな作業だった。小さな排水溝が道路を横切っている時は、控え目に操作せねばならないし、坂が急勾配になった時は、より強く締めねばならなかった。こうした予防処置にもかかわらず、車が転覆することもあった。でも、ご安心いただきたい。ある統計によると、旅行者三十五万につき、駅馬車の事故による死亡者は、たったの一名だったのだから。これに比べれば、今日日常茶飯に起きている、自動車事故の犠牲者の数の方がずっと深刻である。

「御者」は、御者台の監督の横に座り、馬を操った。普通、駅馬車は四頭立てだった。

「騎乗御者《ポスティヨン》」は、引き馬を鞭で鼓舞するため、一列目の馬に乗っていた。多くの版画が彼らの姿

郵便馬車。王制復古時代

駅馬車

ロマンティックなポスティヨン

を今に伝えており、中には、アダン[9]の有名なオペレッタ、『ロンジュモーのポスティヨン』（一八三六年）のジンタッタという音が、今にも聞こえてきそうな版画もある。鉄道と自動車が彼らを消滅させた。髪を三つ編みにし、ゆったりした赤いチョッキに金ボタン付きの青い上着、ぴったりしたスウェードのキュロット、頑丈な乗馬用ブーツといういでたちで、鞭と馬鈴の音に包まれていた、あのたくましい男たちがこの世からいなくなったことにより、趣きのある風俗が一つ消えた。

ちなみに、郵便馬車は一般に二頭立てだった。一頭は白馬で「荷担ぎ馬」、もう一頭は「綱かけ」と呼ばれる色馬だった。難路には、補強のためもう一頭追加した。宿駅長は、追加馬の供給を義務付けられていたが、たいていは、御者に一杯の葡萄酒、馬に威勢の良い鞭の連打がふるまわれる程度で、お茶を濁されてしまうのだった。

辻馬車

ドラマール[10]の『警察概説』に、次のようなくだりがある。一六四五年頃、「辻馬車業を最初に思い付いたのは、ソヴァージュなる男であった。その事業は当人の思惑通り大成功を納めた。民衆はたちまち辻馬車に慣れ、彼にならって、多くの貸し馬車屋が方々の地区に誕生した。ソヴァージュは、サン＝マルタン街のオテル・サン＝フィアークルと呼ばれる家に居住していた。彼がこの商売の創設者であり、当時もっとも信頼の置ける業者だったので、その後長い間、貸し馬車だけでなく、貸し馬車の親方や御者もフィアークルと呼ばれた」。したがって、当時、この言葉は車の型ではなく、輸送手段およびソヴァージュが雇った御者を意味した。御者たちは、自分ら

ベルエポックの頃のフィアークル

の守護聖人である聖フィアークルの像を馬車の扉に貼っていた。

やがてこの「フィアークル」の無頼漢ぶりが、世に鳴り響くことになる。一六九〇年頃マラナ[11]は次のように記している。「辻馬車の御者は実に粗暴だ。彼らはひどくしゃがれた、恐ろしい声をしており、立て続けに打ち鳴らされる、ぞっとするような鞭の音がこれに拍車をかける。それはあたかも、フリアイ[12]がうちそろってやって来て、パリを地獄と化すために、てんやわんやの大騒ぎをしているようだ」。

一六六四年、二人掛けの馬車は一走行十スー、四人掛けは四十スーだった。一六九六年、最初の一時間の代金が二十五スー、その後は一時間ごとに二十スーと定められた。運賃は上がるばかりなのに、行儀の悪さはいっこうに改善されなかったため、一七七四年、礼儀正しくするようにとの厳命がお上《かみ》から下された。十八世紀末、パリには千六百台の辻馬車が往来していた。一八〇七年頃、プリュードム[13]は次のように記している。「現在およそ二千台の辻馬車がある。車は非常に美しく、御者もきちんとしたみなりをしている。しかしながら、大多数の者のしつけは、昔の連中と大同小異だ」。

使用されていた車両の型は、時代により千差万別。我々に最も身近なのは、「一台の馬車がぱかぱか駆け去った……」と、

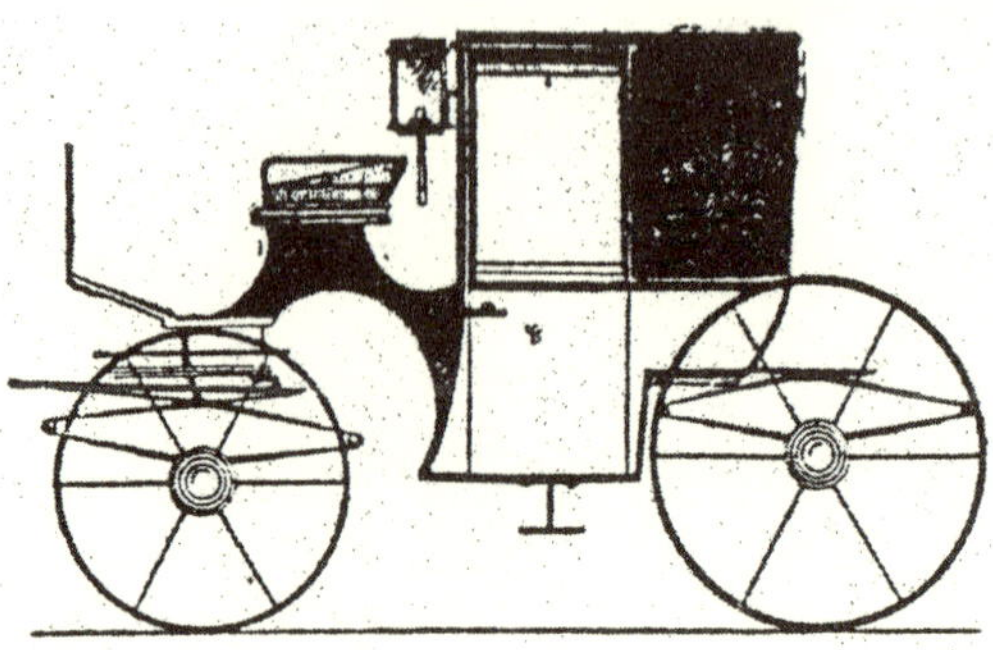

クーペ

ブルダ広場のフィアークル（フェリックス・ビュオ、1847–98）

イヴェット・ギルベールにより歌われた一九〇〇年型である。最後に登場したのは、二人乗りの折りたたみ幌付き二輪馬車〈カブリオレ＝ミロール〉か、「棺桶」の異名を持つ二人乗り四輪箱型馬車〈クーペ〉だった。レオン＝ポール・ファルグ[14]は、かびのはえた革や古びた敷物、濡れた犬、熱い馬の尻の感触を今も覚えていると語っていた。これらの馬車を操る御者は、第二帝政時代の殺人者の名前にちなみ、「コリニョン」[15]と呼ばれた。相変わらず声は大きいが、態度は昔ほどふてぶてしくなかった。

　一九三五年、ジェローム・ポニアという男が、「棺桶の古老」らにより、辻馬車《フィアークル》の御者の最後のチャンピオンに選ばれた。古老らは、こってりした昼飯《ひるめし》をたらふく食い、ワインを浴びるほど飲みながら彼を選んだ。ポニアは往時を次のように述懐している。「毎晩、夜中の十二時きっかりに、コンコルド広場とロワイヤル街の角を、雌馬のヴァランティーヌと出発し、小走りにマドレーヌ教会の方へ流してました……。一九〇五年のことでして……。良い時代でした。沿道に軒を並べるサロンでは、金が湯水のように使われてました。動くたんびにシャンデリアのようにカチャカチャ音を立てる、飾り立てた高級娼婦や、金ピカの服装《なり》をしたお大尽を、めっぽう高値で乗せてました。おんぼろ車で紳士淑女を運んでたってわけで。お偉方やありとあらゆる王侯貴族、ブールヴァール劇の芸人や踊り子が、月極めで雇ってくれたもんです。ル・バルジー様やサガン公が何回乗んなすったかなんて、今じゃもうわかりませんや。フランソワ・コペーを、ウディノ街のお宅から学士院まで二年以上もお送りしたのはあっしです。機知に富んだお方でしたよ、コペー様は。それにおやさしかった。いつもチップに五スー下さいましてね。粋なお方でした！　それに、アレクシス大公！　あのお方は、そりゃもう気っ風の良い方で。ある晩、あっしに払う金が一銭も残っていなかったんでござんすよ。そしたらどうです、『さあ、この毛裏付きのコートを受け取ってくれ給え。五千フランはする品だ。まだ新品だよ』っておっしゃいましてね。今時こんな御仁はもういやしません！」。

【訳注】

（1）ジュストコール：十七世紀頃、主に男性が着た体にぴったりした膝丈のコート。

（2）大学の飛脚：十二世紀から十八世紀頃まで、大学の学生と家族との間の書簡及び金銭の伝達を行っていた飛脚。

（3）守護聖人：キリスト教世界で特定の団体や都市などを保護すると考えられた聖人。中世における都市の成立とともに、それまで賤視されていた商人、手工業者らがそれぞれ同業組合を結成。自らの職業を聖化しようと独自の守護聖人を持つようになった。

（4）トゥール硬貨：十三世紀までトゥールで鋳造されていたが、フランス国王の鋳造権独占により王国全域の流通貨幣となった。

（5）アピキウス：トラヤヌス帝時代の料理研究家。ローマ人。生牡蠣の保存法を発明。

（6）ロクロワの征服者：大コンデ（一六二一―八六）を指す。ブルボン王家傍系の大公一族の一人。ルイ十四世下の傑出した軍人。ロクロワの戦いを皮切りに武勲を重ねる一方、文芸、美術の保護者でもあった。

（7）ルーヴォワ、ミッシェル・ル・テリエ（一六三九―九一）：フランスの政治家。ルイ十四世に重用され、軍隊の強化につくした。

（8）フランスに初めて鉄道が敷設されたのは、一八三二年（リヨン＝サンテティエンヌ間）。

（9）アダン、アドルフ（一八〇三―五六）：フランスの劇音楽家、指揮者。軽妙な作風で一世を風靡した。

（10）ドラマール、ニコラ（一六三九―一七二三）：フランスの法律家。『警察概説 *Traité de la police*』には、古代からルイ十五世時代までの、主にパリの警察に関するあらゆる論述が網羅されており、法律的見地からだけでなく、歴史的にも非常に貴重な著作とされている。

（11）マラナ、ジャン＝ポール（一六四二―九三）：イタリアの歴史家。政治犯として祖国で拘禁されたのち、フランスに迎えられルイ十四世に年金を授与される。

(12) フリアイ：ギリシャ神話に出てくる蛇の髪をした復讐をつかさどる三姉妹の女神。

(13) プリュードム、ルイ＝マリー（一七五二―一八三〇）：フランスのジャーナリスト。著書に『パリ今昔物語 *Mémoire de l'ancien et du nouveau Paris*』がある。

(14) レオン＝ポール・ファルグ（一八七六―一九四七）：フランスの詩人。代表作に『パリの歩行者 *Piéton de Paris*』がある。

(15) コリニョン：パリの御者。客を殺した罪で死刑（一八五五）。

4　昔のアトラクション

大道芸人・道化師・軽業師

『アカデミー辞典』によれば、大道芸人とは、一本の棒で奇術を行う者であり、広義には、大道芝居の舞台に上がる者、すなわち道化師、綱渡り芸人、曲芸師、軽業師、占い師、手品師、腹話術師、パイヤス[1]など、公共の広場で、シンバルや大太鼓などの楽器を使って庶民を楽しませる、ボヘミアンすべてを指す。この職業は太古の昔からあったと考えられている。古代ギリシャにも大道芸人はおり、紀元前六世紀、イカリア島出身のドロンとスザリオンという者が、アテネで大道芸を行い、人気を得ていた。古代ローマでは祭典競技[2]が国民的娯楽だったが、これが完全に姿を消したあと、かわりに登場したのが道化役者と大道芸人だった。異邦人《バルバロイ》[3]らは大道役者の稚拙で鄙猥な笑劇《ファルス》に腹を抱えた。教会は、観衆の品性を下落させるおそれがあるとしていくつかの演《だ》し物を禁じたが、無駄だった。シャルルマーニュは、大道芸人を公権を剥奪された賤民階級に位置付けたが、それでも、彼らの活動を阻止することはできなかった。スラップスティックな場面で物笑いの種になるのは、きまって修道士や修道女だった。このため、ルートウィヒ敬虔王[4]は、体制批判的な見世物を行う者は追放刑に処すると宣告した。大道芸人らは世の指弾にさらされ、教会による徹底的な糾弾がこれに追いうちをかけた。こうして、彼らはしだいに四散し、姿を消して行く。ユーグ・カペー〔在位九八七―九九六〕即位の頃には、散在する残存者さえ数えるほどになる。彼らは無言劇の役者集団にもぐり込み、不安定な放浪生活を送っていた。一方、大道芸人にかわって当時大衆の注目を

イタリアから来たポン＝ヌフの大道芸人

グロ＝ギヨーム（17世紀の版画）

ゴルティエ＝ガルグイユ（17世紀の版画）

浴びていたのは、吟遊詩人だった。

　ステキな恋歌を
　お聞かせしましょう
　か？……

　しかし、大道芸人は返り咲く。彼らこそフランス喜劇の創始者であった。たしかに、彼らの使う言葉は美しくはなかったし、芝居の内容もあまり品が良いとは言えなかった。だが、そんなことは問題ではない！　喜劇作家のサンタマンド〔一七九七―一八八五〕は記している。「今と同様、当時も笑劇の登場人物が演じるのは、庶民を中心とした世俗的な情景であり、蔑まれた大衆が日頃のうっぷんを晴らす手立ては、唯一のおそるべき武器、すなわち、風刺しかなかった。この武器を、道化役者らは独占していた。言いたいことを言い、やりたいことをやる自由を得るために、彼らは馬鹿や間抜けを演じた。演台の上から、野卑な仮面を通して、潮の満ち干のように来ては去る人の往来を眺め、日夜彼らなりの方法でその時々の出来事を記録し、涙を誘うほど大衆の感情をくすぐりながら。そして、今、フランス喜劇の祖という光栄に浴しているのは、彼ら大道芸人や道化役者にほかならない。バゾシュ(5)からオテル・ド・ブルゴーニュ座(6)に至る演技の推移に貢献した有能な道化役者らは、大道芸人階級の出身だった。モリエールは彼らの客寄せ芝居に興じ、その手法をおおいに利用した……」。

他の国と同様、フランスやイギリスでも、舞台芸術は、街頭でその真価を発揮した。モリエールやシェークスピアも、はじめは大道芸人だった。彼らは、大道芸人を真似、大道芸から笑劇の卑俗な衣装を引き剥がし、巧みに裁断し直したあと、さまざまな方法で飾り立て、豪華な衣装に仕立直した。しかし、その衣装から庶民的雰囲気を拭い去ることはできなかった。フランスには優れた喜劇が沢山あるが、伝統的大喜劇の基礎を築いたのは、ゴルティエ＝カルグイユ、グロ＝ギヨーム、チュルリュパンという名高い道化師三人組(7)である。今日どれだけの人が彼らのことを知っているだろう。彼らははじめ、サン＝ジャック門近くの仮設小屋で笑劇を演じていたが、その後国王のおかかえ劇団であるオテル・ド・ブルゴーニュ座に入団した。

嘆き節と流しの歌うたい

近年、ギターをつまびきながら世界中を放浪するロングヘアーの若者たちの姿には、中世の放浪詩人《ミンストレル》(8)を髣髴とさせるものがあった。しかし、かつての「嘆き節」の歌い手は、時代の渦の中で、ギターではなく、手回しオルガンを手に諸国を巡り歩いていた。彼らが、流しの歌うたいの元祖である。

悲歌《エレジー》から生まれた嘆き節は、単純だが哀愁をおびた、抑揚のない調べでしみじみと悲しみを歌い上げ、群がる聴衆の信仰心や愛国心を掻き立てた。中世の嘆き節とはこんなものだった。十六世紀になると、その内容は風刺的になり、ルイ十五世の時代には滑稽節になった。滑稽節は、主に、死刑を宣告されたような大罪や現在のいわゆる三面記事的事件を物語るために用いられたが、そこには常にアイロニカルな響きが込められていた。憐憫や恐怖を呼び覚ますにはほど遠い、嘲笑を誘い、刑罰の教訓も法の権威も鈍らせるような、アイロニカルな響きが。

風刺色のない純粋な嘆き節のうちで、最もポピュラーなのは、〈さまよえるユダヤ人〉の歌である。

あわれむべき、さまよえるユダヤ人
これほどの逆境にある者が
この世にいるだろうか
悲運にもいやまさる驚くべき逆境に……

しかし、文句なく美しいのは、〈ジャン・ルノーの哀歌〉だ。深夜、戦争から復員したばかりの男が、死を迎える。おりしも、隣室では、妻が彼らの子をこの世に生み落していた。

大地よ開け！　大地よ裂けよ！
あたしのいとしいルノーとともに
行かせておくれ！……

ナポレオンの百日天下（一八一五・三・二〇―六・二二）の間、人々は〈コルシカの食人鬼[9]〉と〈赤い兵隊[10]〉を歌った。百日天下後に復位したルイ十八世治下では、ベリー公[11]の暗殺を口ずさんだ。

いとしい甥の面前で
ありもしない
髪の毛をかきむしり……

ルイ・フィリップ治下では、フィエスキ[12]のテロが多くの風刺的で滑稽な嘆き節を誕生させた。最も長いものの一つに、一八一七年、南仏の古都ロデスで暗殺された、高官フュアルデスの嘆き節がある（四十八節以上）。

総裁政府時代（1795−99）の流しの歌うたい

その後、嘆き節にかわって登場したのが流しの歌うたいの歌。彼らは、ヴァイオリンかアコーデオンをたずさえ、流行歌を歌いながら巡回した。「歌詞と譜面付きの」歌曲集も、何スーかで売っていた。歌い手が「一曲、口ずさむ」と、群がる野次馬に混じった菓子屋の小僧や電報配達、使い走りの少年らが、リフレインの部分を合唱するのだった。一九〇〇年頃の光景である。

透視画《ジオラマ》師

透視画《ジオラマ》とは、その語源の通り、「透かしてみた景色〔ギリシャ語：dia ＋ orama〕」で、少くとも、一度に二つ以上の光景を観客に提供する見世物である。

ジオラマの原理に近いものは、古来いくつか出現している。十七世紀、ロワイヤル広場のかつてのミニム修道院の中廊で、ニセロン[13]神父により描かれた二点の絵画、《罪を悔いるマドレーヌ》と《パトモスの聖ヨハネ》が展示された。これらの絵は、近付くにつれ主要人物の姿が消え、景色しか見えなくなるというものだった。十八世紀、サン＝スュルピス寺院の建築家、セルヴァンドニ[14]は、チュルリー宮殿で舞台装置展を催した際、「透視画の原理を応用した幻術」を実演して見せたという。劇作家兼画家だったカルモンテル〔一七一七—一八〇六〕の「透かし絵」は、彩色された人物が一面に描かれたごく薄の長い巻き紙を、ガラスのうしろで解いてゆくものだが、これもジオラマの前身と言えよう。しかし原則として、ジオラマの正式な起源は一八二二年とされている。この年、ダゲールとブートンがジオラマの原理を理論的に解明した。が、その後これを模倣する者が何人か現れた。初のジオラマ館が設立されたのはパリのサムソン街で、昔の給水塔の裏側だった。ちょうど今の我々が映画館に行くように、我々の父親世代の人々は、ジオラマ館に出かけた。サムソン街のジオラマ館は火事で焼失〔一八三九〕したため、その後、ボン＝ヌーヴェール大通りに新館が建てられた。十九世紀末にはまだ、「歴史ジオラマ館」がシャンゼリゼ通りにあった。

ジオラマに映すための絵は、綿のキャンバス地の両面に描かれていた。裏側から光を当てた時画像がきれいに映るよう、表面にはごく薄くしか色を塗れなかった。表と裏の絵柄が違う場合は、両面が互いに調和し補い合いながら、ぴったりと一致するよう作成しなければならなかった。こうして人々は、光輝く太陽、月明かり、曇り空など、自然界の光や影により発生する偶発的な景色を、正確に映像として再現した。この映像は、絵と観客の位置、用いられる絵の技法、絵に当てる光線の配置という三つの原則にのっとって成り立っていた。ダゲールのジオラマ作品、《深夜のミサ》は、信仰のない者にも信仰心を起こさせた。それは、荘厳なミサに訪れる人々のために、それまで聖体顕示台の常夜灯しかついていなかった無人の聖堂の明かりが少しずつともされ、ついにはまばゆいばかりの堂内に善男善女が満ちあふれるというものであった。

幻燈

十九世紀末、幻燈を見せながらフランスを巡回するのが、サヴォワ地方の人たちの特技だった。彼らは普通、手回しのオルガン弾きと組んで仕事をしていた（彼らは「生きたマーモット[15]」も見世物

1774年頃の幻燈師

にしていた）。しかしこれ以前にも、幻燈師は大勢いた。幻燈術は古代からあったらしく、紀元一世紀、ティアナのアポロニウス(16)は奇跡をもたらす遍歴の途上で、これを用いていたという。

　だが、幻燈術の真の考案者は、中世における最も有名な学者の一人であるイギリスの修道士、ロジャー・ベーコン（一二一四―九四）だ。影の特性を研究しているうちに思い付いた幻燈を、彼は、まるでオモチャのように気軽に友人らに見せ、楽しませていた。これが大評判となり、噂はローマ法王の耳にまで達した。悪魔の介入かもしれないと考えた法王は、イギリスの「偉大なる博士」が組み立てた機械をローマに持って来させた。自らその機械をテストしたのち、イノセント四世（在位一二四三―五四）は、この機械の中にはなんら邪悪なものはひそんでいないと宣言。しかも、側近たちの前で、この新しい機械を操作して大いに悦に入っていたという。

　フランソワ一世治下の一五一五年、もう一人の注目すべき幻燈師がいた。「パリのモベール広場で阿呆劇や教訓劇、説教劇、笑劇などを大衆の前で演じていた」、クリュシュと名乗る男である。この男が、「それを通すとなんでも見える角灯《ランタン》を持っており、夜は松明《トーチ》を使ってその不思議な幻影を見せた」。

ルイ十四世時代には、宮廷に専門の幻燈師を呼んで、ランタンの見世物を催すことがよくあった。『ミューズ・イストリック』[17]紙は、一六五六年にオテル・ド・リアンクールで催された盛大な見世物について、次のように伝えている。「人々は幻燈を通して、宮殿や競技、舞踊……を見た。この新奇な見世物の前で、マダム・ド・ショワジーは何度も十字を切った」。彼女の行為に象徴されるような、ある種の恐れを幻燈に抱いている者は、この当時でさえいたのである。リシュレ〔一六三一―一九八〕はその『新辞典』の中で、幻燈を次のように定義している。「暗闇で、白い壁面に、いくつかのスペクタクルや恐ろしげな怪物を映し出して見せる光学器械。その原理を知らない者は、その光景が魔術により出現したと思ってしまう」。

幻燈を応用した技術の中でも傑作なのは、白いスクリーンのかわりに煙幕を使い、そこに投影した画像が浮かび上がってくるというものである。十八世紀末、霊媒どもがこの方法で人々をたばかった。しかし、十九世紀末になってもまだ、フランスの田舎などには、この手の映像に一杯食わされ、口をぽかんと開けて見ている者がいた。

野外ダンス場からカフェコンセールまで

百年も経たないうちに衰退した娯楽に、野外ダンス場とカフェコンセールがある。

昔のサン＝スュルピス墓地の中に〈テルール〉が出現したのを皮切りに、〈ゼフュロス・ダンス場〉、〈ラヌラ〉、〈イダリー〉、〈チボリ〉、〈バガテル〉、〈シャトー・デ・フルール〉などのダンス場がぞくぞく登場した。どれも、モンマルトルやロバンソンの市外酒場《ギャンゲット》(18)のように、屋外にある終夜営業の店だった。

ルイ＝フィリップの統治下に、「マビーユじいさん」と呼ばれる老齢のダンス教師がいた。強運なマビーユじいさんは、現在モンテーニュ通りになっている、シャンゼリゼ脇のヴーヴ小路の木立ちの中のちっぽけな家を、公共のダンス場に改造し、カンケ灯のかわりにガス灯を百基ばかり設置した。当時まだ珍しかったガス灯は、パリジャンの目をくらませた。開店以来、押すなおすなの大盛況で、一八七〇年の普仏戦争開始まで、〈ジャルダン・マビーユ〉の中国趣味の野外音楽堂は、当時世界中を席巻していたポルカの渦の中心だった。その後、ポ

〈ジャルダン・マビーユ〉。ダンスの合間のビリヤードゲーム

オプセルヴァトワール広場にあった〈バル・ビュイエ〉

ルカブームは消滅したが、何人かの踊り子の名は今も泡沫のように残っている。アリス・ラ・プロヴァンサル、マリー・ラ・ポルクーズ、ローズ・ポンポン、そしてあの、片脚でピッと立つ姿勢で喝采を浴びた伝説のコミックダンサー、リゴルボッシュ。テオフィル・ゴーティエ、ギュスタヴ・ナドー、テオドール・ド・バンヴィルが、この、足は頑丈だがはすっぱな娘らを称賛し、ボードレールは次のような、余人には反論のできない証言をしている。「最もデリケートな彫刻家をも魅了する、大胆にして高貴なポーズ。その革新的な彫刻家に、いかなる場所でも、たとえ汚辱の中ででも、この高貴さを拾い上げる勇気と機知があればの話だが」。その後、ドガやロートレックも野外ダンス場に通うようになった。

三十年後、〈マビーユ〉とほぼ同じ場所で、〈ジャルダン・ド・パリ〉は、もっと過激なショーを花形ダンサーにやらせた。メリニト、ラ・グーリユ、グリーユ・デグ、ヴァランタン・ル・デゾセという不滅の四人組による、フレンチ・カンカンである。パリのもう一方の外れの野外ダンス場、〈バル・ビュイエ〉でも、人々はカンカン踊りに浮かれていた。

これら夜目にもまばゆいダンス場が閉鎖されたからといって、ダンスそのものまで消え去ったわけではない。森の中から地下に、踊る場所が移されただけのことである。とはいえ、かなりの数の副次的アトラクションが、またたく間に姿を消した。〈バル・モーレル〉の気球上げ、〈ジャルダン・ド・パリ〉のジェットコースターやトボガン〔小型のソリ〕、〈ジャルダン・ディヴェール〉の射撃とスマートボール。このため関連企業が連鎖倒産し、大勢の人々が路頭に迷った。第一次大戦と第二次大戦の狭間に登場した二つの遊技場、〈リュナ・パーク〉及び〈マジック・シティー〉は、ポスターによる大々的な宣伝を展開したが、やはり長くは続かなかった。

カフェコンセールの歴史もまったく同じ経緯をたどる。十八世紀初頭、シャンゼリゼ通りのカフェで、レヴューと寸劇を交えた演し物が、おっかなびっくり初御目見えをしたところ、星の雨を降らせる高射砲でも発射したような反響を呼んだ。これに呼応するようにストラスブール大通りからも、同様の砲弾が立て続けに打ち上げられた。というのも、当時一流のカフェだった〈ボスケ〉が、猫の額ほどの演台に三人のミュージシャンを登場させたところ、ものすごい人気で、これが〈アンバサドゥール〉や〈アルカザール〉の豪華な舞台だけでなく、〈スカラ〉、〈エデン〉、〈バタクラン〉、〈エル・ドラド〉など大衆的なホールにまで波及したからである。そこでは、店内をぶらつき、煙草を吸い、サクランボのブランデー漬けを味わい、曲芸をする女を盗み見たり、歌を聴いたり、ア

カンカンの花形、ラ・グーリュ
（T. ロートレック、1864―1901）

〈アンバサドゥール〉の舞台
（E. ドガ、1834―1917）

1800年頃パレロワイヤルにあった〈盲人酒場〉

クロバットを見物することができた。この新しいタイプの娯楽は、上流人士や彼らに寄生する素性の知れない女たち、一般大衆に、あっという間に受け入れられた。世はあげてこのスペクタクルへといいざなわれ、人々は、こんな歌を口ずさんだ。

仕事を終えた、土曜の夜
パリの労働者《ウヴリエ》は妻に言う
『デザートに、
カフェコンセールに連れて行くよ……』

こうして、流行歌《シャンソン》があらゆる階級の人々を歌い、後世に残るさまざまなタイプの人間像を生みだすことになる。リアリスト、兵士、石工、飲んだくれ、農夫、寄席芸人、洒落者、ダンサー、ロマンティスト。イヴェット・ギルベールからミスタンゲット、老ポーリュスから若きモーリス・シュヴァリエまで、枚挙にいとまがないほどのアイドルが出現した。ストラスブール大通りの日本屋敷には、神童しか登場しないという寄席まであった。

カフェコンセール隆盛の裏には、アブサンの販売も関係していたようである。その証拠に、一九一五年三月十六日、法律によりアブサンが禁止されたとたん、この娯楽は壊滅した。後年これにかわって生まれたのがミュージック・ホールであり、ミュージック・ホールの衰退とともに映画館の登場となる。

影絵芝居

映画がまだ試行錯誤の最中《さなか》だった頃、パリで、中国の歴史ほどにも古い見世物——投光機でシルエットが映し出される——が、一世を風靡した。キャバレー〈黒猫《シャ・ノワール》〉(19)の主《あるじ》、ロベール・サリ〔一八五二—九七〕が、モンマルトルを「影絵芝居のベイルート」(20)にしようと思い付いたのが、その発端だった。

薄暗い影絵芝居の小屋がオープンしたのは、一八八六年六月二十六日。この日公開されたのは、カラン・ダシュ(21)によるナポレオン伝説を描いた一大絵巻、《英雄伝》だった。絵がスクリーンの上を輪になって回る間中、かたわらでピアニストが、英雄的なマーチを掻き鳴らした。観客は、熱狂のあまり足を踏み鳴らした。これに続いて登場したのが、劇作家モーリス・ドネイ〔一八五九—一九四五〕による解説付きの遊女フリュネ(22)の物語と、ジュール・ヴェルヌもどきの空想科学物語だった。このヴェルヌ的空想の世界は、今や現実のものとなっている。

〈黒猫〉の主の死とともに、その暗闇に出現した群衆も墓石の下に連れ去られた。ただ、影絵芝居をフランスで初めて行ったのはサリではない。一七七〇年頃、セラファンという名の人物が、ヴェルサイユ街道沿いに粗末な小屋を開いた。宮廷にもしばしば呼ばれていたおかげで、この男は、そのあまりぱっとしない事業に、「フランス王の子女のためのスペクタクル」という、ご大層な名を授けることができた。

【訳注】

（1）パイヤス：ワラで出来た衣装を付けた道化師。

（2）祭典競技：古代ローマで行われた、円形競技場での戦車競技や競馬、闘技場での剣闘士競技をはじめとするさまざまな格闘技など、盛大な見世物興業一般。

（3）バルバロイ：古代ギリシャ・ローマ人、後代にはキリスト教徒から見た外国人、異邦人。

（4）ルートウィヒ一世（敬虔王）（七七八―八四〇）：フランク王（在位八一四―八四〇）、西ローマ皇帝（在位八一四―八四〇）。シャルルマーニュ（カール大帝）の子。父王の在世中より共同統治者となる。

（5）バゾシュ：革命以前の高等法院やシャトレ裁判所の裁判所書記組合。十五世紀に劇団を作り教訓劇や笑劇などを上演した。

（6）オテル・ド・ブルゴーニュ座：パリ最初の常設劇場。一五四八年、受難劇組合がフランソワ一世の命を受けブルゴーニュ公屋敷跡を劇場とする。後のコメディー・フランセーズ（一六八〇年創設）の母体。

（7）名高い道化師三人組：いずれも十六世紀後半の生れ。三人とも元パン屋の店員だったと言われている。サン＝ジャック門近くの小屋での彼らの演し物が爆発的な人気を呼び、その芸をリシュリューに見込まれてオテル・ド・ブルゴーニュ座に入団。ある日グロ＝ギヨームの過激な揶揄の対象にされ、これに激怒した有名な判事が彼を投獄。ギヨームは獄死した（一六三四）。残る二人はこれを悲しみ、その二、三日後、友の墓前で自殺した。

（8） 放浪詩人：十二、三世紀、封建諸公の宮廷に仕える、もしくは遍歴する詩人、音楽家。
（9） 食人鬼：皇帝の独裁に反感を抱く王党派が、ナポレオンに付けたあだな。
（10） 赤い兵隊：ワーテルローの戦いでナポレオン軍と戦ったイギリス兵。
（11） ベリー公（一七七八―一八二〇）：シャルル十世の第二子、政争の犠牲となり暗殺された。
（12） フィエスキ（一七九〇―一八三六）：コルシカ出身の無政府主義者。時限爆弾によりルイ＝フィリップの暗殺をはかるが未遂に終る（一八三五）。
（13） ニセロン、ジャン＝フランソワ（一六一三―四六）：フランスの数学者、光学者。著書に『不思議な光景 *Perspective curieuse*』がある。
（14） セルヴァンドニ（一六九五―一七六六）：フランスで活躍したイタリア人建築家。新古典主義の先駆者。
（15） マーモット：リス科の哺乳類。
（16） ティアナのアポロニウス（？―九七）：カッパドキア出身の新ピタゴラス派の学者。生涯を独身の苦行者として過ごし、各地を遍歴してさまざまな奇跡を行ったと伝えられている。
（17） 『ミューズ・イストリック』：フランスの詩人ジャン・ロレ（十七世紀初頭―一六六五）が、後援者であるマリー・ドルレアンの気晴らしのために週一回発行していた（一六五二―六五）、韻文による手紙型式の新聞。
（18） 市外酒場：十九世紀初頭から、パリの市門の外に発達した、野外大衆酒場兼ダンスホール。商品に入市税がかからない分、安く飲み食いできたので爆発的人気を得た。

(19)〈黒猫〉：一八八一年にサリが開いた、舞台やダンスホールを付設した酒場。酒と芸術、時事性と笑いを結合した、新しいタイプの娯楽場として大反響を呼び、画家や芸術家の溜まり場となった。

(20)「影絵芝居のベイルート」：中国や熱帯アジアと並んで、中央アジアでも古くから影絵芝居が盛んだった。

(21)カラン・ダシュ（一八五九―一九〇九）：フランスの挿絵画家。ユーモリスティックな画風を特徴とする。

(22)フリュネ（前四世紀）：アテナイの遊女、フルート奏者。反宗教的な言動により裁判にかけられたが、その美しさで裁判官を感動させ無罪になったという。後に財を成し、テーバイの城壁の復旧資金を寄付。

5　職工たち

釘工

かつて釘は、一本一本、手で造られていた。鉄を扱う職人の中で、釘工はさほど高い地位にいたわけではないが、そのわりに幅をきかせていた。一七〇七年、フランシュ＝コンテ〔フランス東部、中心都市ブザンソン〕で催されたクリスマスの祝祭には、さまざまな職種の工人が召集された。この時、クレッシュ[1]のまわりで腕前を披露する職人の中で、釘工だけは平気で酒を飲んでいた。非難がましい視線がないわけではなかったが、火の燃えたぎるカマドのそばで働けばさぞのども渇くだろうと、大目に見られていたようである。

釘工について作家のリシャール・セガン〔一七七二―一八四七〕はこんな風に語っている。「ノルマンディー地方の帯状林地帯《ボカージュ》[2]で、煤けた粗末な小屋に出くわすことがよくあった。そこでは、夏は夜明け、冬は陽が昇る何時間も前から、二、三人の釘工が一つカマドのまわりで働いていた。年端のゆかない少年は、作業台に腰かけてフイゴで風を送っていた。金槌を使うほどの体力がまだないからだ。日曜になると、彼らは釘の詰まった袋を、問屋――当時の金物屋――に持って行った。金物商は、彼らに工賃を支払い、次週分の鉄棒の包みを渡す。釘工は身を粉にして働いていたが、実入りは少なかった」。

彼らは職人組合《コンパニョナージ》を結成していて、古来からの慣習をそのまま受け継いでいた。「大集会ともなると、釘工は、短いズボンに山高帽をかぶって現れる。彼らは長く伸ばした髪を三つ編みにしていて、仲間が死ぬと、帽子を脱ぎ、三つ編みをほどいて、ほとんど顔が隠れるくらいばさばさに垂らしたまま、亡骸を埋葬する。釘工の数は非常に多く、互いに兄弟のように助け合って暮らしている」、とアグリコラ・ペルディギエ[3]は語っている。

一七六六年、パリにおける釘工の共同体《コミュノテ》には、親方が六十八人おり、四人の親方代表により管理されていた。その事務局は、サン＝ジャック＝ラ＝ブシュリー街にあった。ちなみに、共同体の前身である釘工の仲間組合《コンフレリ》が、同名の教会の中に創設されたのは一三四〇年のことであった。詩人、ブリズー〔一八〇五―五八〕はこんな歌を書いている。

釘工は青空なんか見もしない、
カマドの火だけは
ひねもす見てる……

ほほえましい歌だが、わずか一世紀ほど前の状景である。その後の金属加工業の急速な発達を思うと、まさに隔世の感がある！

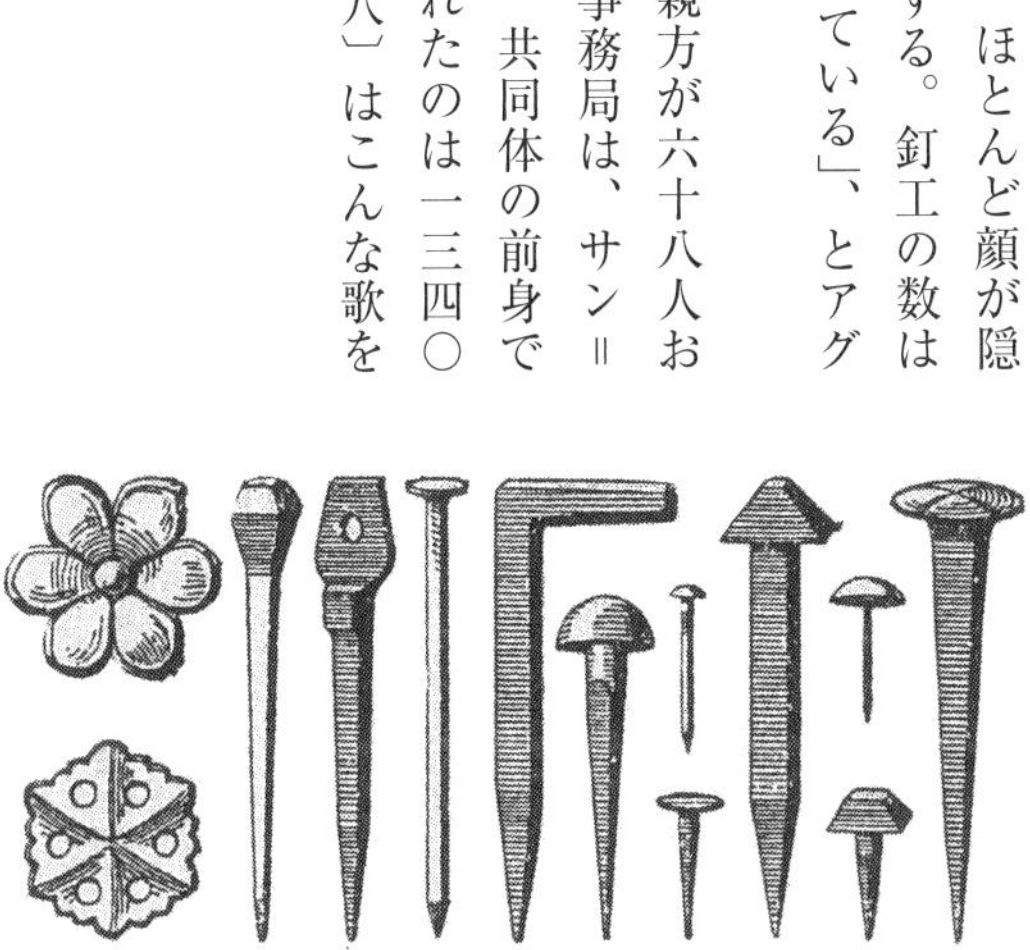

昔の釘（15世紀）。左の二つはブロンズ製の釘の頭

ヤスリ工

修道士テオフィル(4)は、『諸技術大綱』のなかで、十一世紀末頃のヤスリ工が用いていた技法を伝えている。この仕事がなまやさしいものでなかったことは、この記述からだけでもうなずける。

「ヤスリは純粋な鋼で作る。大きいのもあれば中くらいのもあり、形状も、四角、三角、半丸、丸とさまざまだ。真ん中がより硬質なもの、内部が軟鉄で外側を鋼で覆ったものもある。

必要なサイズに応じた量の鋼をカマドの火で鍛えたあと、鉄床《かなとこ》の上でならし、この状態で、両刃の金槌で目を入れる。あらかじめ切りごてで目を入れておいてから、金槌で目を入れる場合もある。すべての断面に目が入ると、焼き入れを行う。牛の角を燃やした火で焼いてから、削り、三分の一の塩を付け、強打する。さらに火で焼き、白熱したら全体に塩を振りかけ、よくおきた炭火にかざす。この時、温

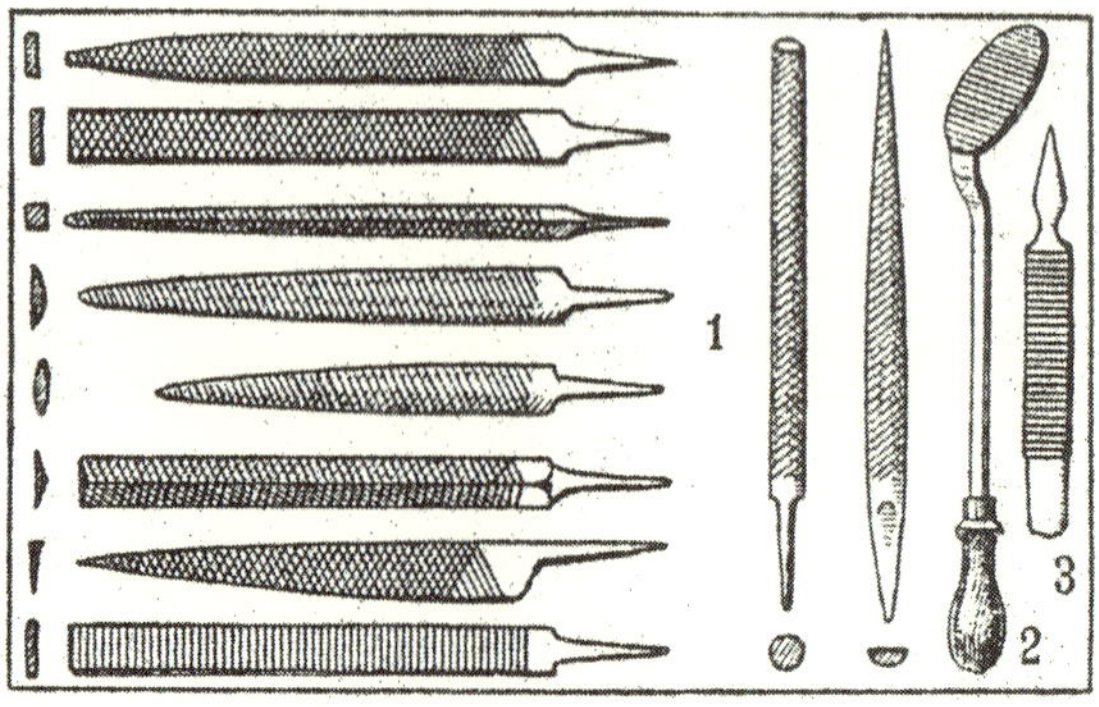

ヤスリ。1：金属用　2：非金属用（靴屋などが用いる）
3：爪用

度が下がらないようフイゴでまんべんなく風を送り、火勢を強める。火から外して水につけ、冷却する。水から出して、火で乾かす。鋼のヤスリはすべて、このように焼き入れをする。

小振りで薄手の軟鉄のヤスリの場合も、焼き入れの方法はほぼ同じである。ヤスリに金槌か切りごてで目を入れたら、古い豚の油を塗り、雄ヤギの皮をテープ状に切ったもので包み、麻紐で縛る。この包を一つひとつ、柄の部分以外は、粘土で覆う。粘土が乾いたら火にくべ、どんどん燃やして皮を焼き落とす。素早く粘土を取り除き、水につけて冷却し、取り出して火で乾かす」。

両刃の金槌で目を入れる方法は、非常に高度な技術を要求された。目が揃わなくなってしまうことがよくあったかららしい。これに比べると、あらかじめ切りごての刃先で目を入れておいてから、金槌で目を入れる技法の方が、職人にとっては楽だった。ずっと目を揃えやすいからである。

鉄とアルシャルの製線工

中世の頃、銅と亜鉛の合金は「アルシャル」と呼ばれていた。現在の真鍮である。その語源はさらにさかのぼり、ラテン語のアウリシャルキュムにたどりつく。これが縮められて、アルシャルとなった。中世には、このような言葉の縮小がよく行われた。

ルイ聖王[5]治下のパリ奉行、エティエンヌ・ボワロー[6]の著書『職業要覧』には、鉄、真鍮、アルシャルなど金属を専門に扱う職人の共同体が二十くらいに分けて紹介されているが、そこに「アルシャルの製線工」の共同体も含まれている。彼らは、手で針金を加工するという非常に過酷な作業を

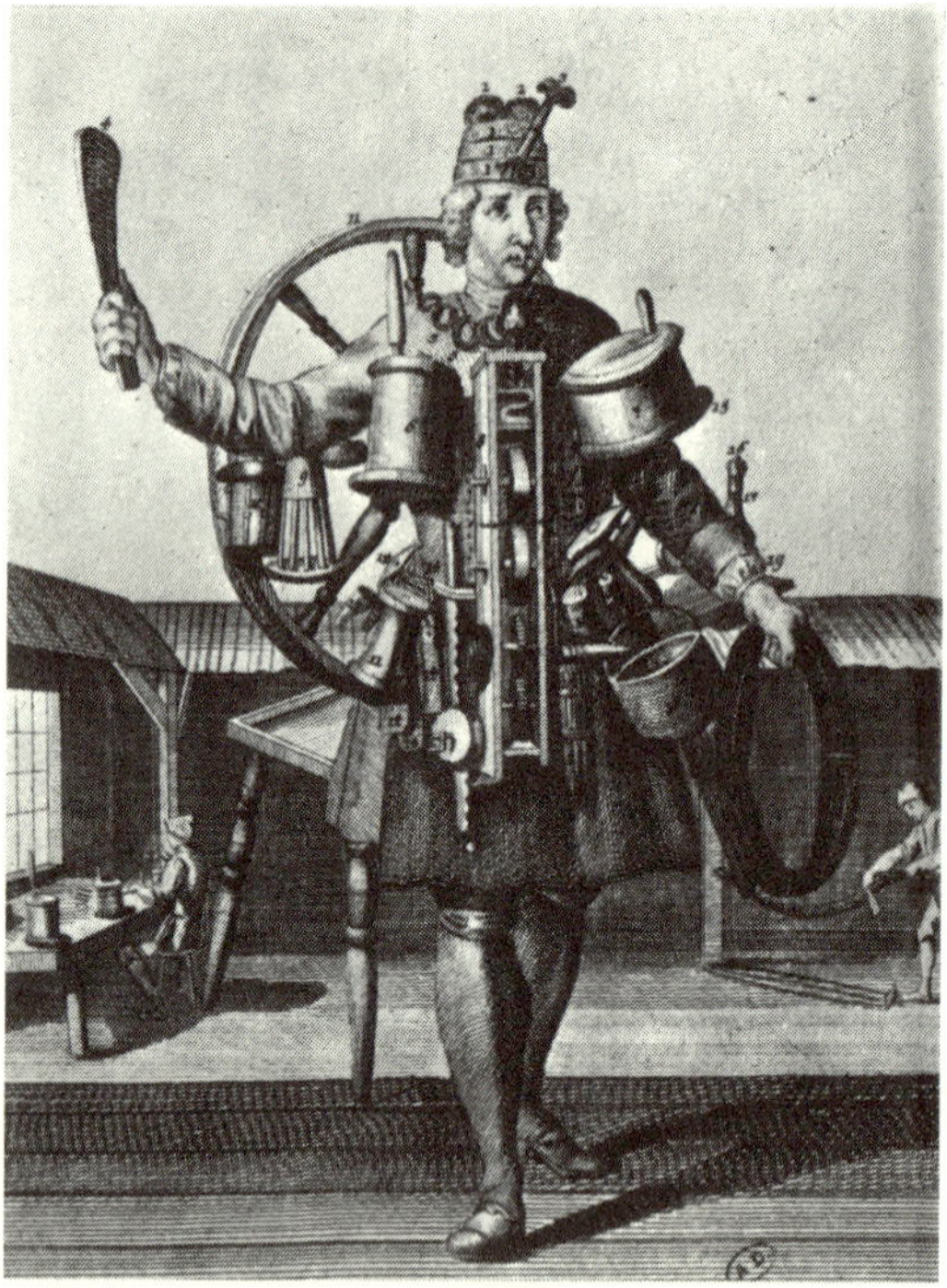

18世紀ドイツのアルシャルの製線工

強いられていた。もっとも、すでにこの頃から、少なくとも針金製造用の引き抜き加工機は使っていたようである。修道士テオフィルによると、当時の引き抜き加工機は次のようなものだった。「その幅、指三本分ほどの、上部と下部が狭くなった薄い二枚の鉄板で、針金を引き出すための穴が三列か四列並んでおり……」。

十三世紀、鉄の製線工には夜勤が許可されていたが、アルシャルの製線工には、許可されていなかった。アルシャルの製線工の徒弟期間は、「あらかじめ二十スー納めた子供」は十年間、「一銭も納められない子」は十二年間と決められていた。一見楽そうだが、実際には非常につらい稼業に対して、これは不当に長すぎる。過当競争防止のために、このような規則を定めたものと思われる。粗悪品に対しては厳しい罰金が課された。徴収された罰金は三者に分配された。パリ奉行に五スー、組合の親方に二スー、「苦業会修道士」[7]に四ドゥニエ。苦業会修道士というのは、ルイ聖王によりパリに連れて来られた修道士だが、彼らがこの地にとどまったのは、ごく短期間だった。

アルシャルの製線工の終業時間は、冬は夕方の六時、夏は八時だった。しかし、この組合の「徒弟」は、毎年八月に一ヵ月のヴァカンスを取ることができた。すでに十三世紀に！　これは、風俗史的・職業史的観点からも、注目すべき規約である。

鉛管工

今日鉛管工の仕事といえば、屋根、水道、衛生設備にかかわるすべての作業が含まれる。が、昔からそうだったわけではない。かつて鉛を扱う職人は、錫を扱う職人と同一の組合に入れられていた。やがて、この組合は二部門に分けられる。錫容器製造者部門と、建造物の鉛ぶき職人の部門である。屋根を鉛でふいた建物は、すでにガロ＝ロマーヌの時代からあった。メロヴィンガ朝時代には、教会や城の屋根は鉛の瓦で保護されていた。サン＝ポール＝デ＝シャン教会の屋根瓦は芸術的に高く評価されているが、これを鉛でふかせたのは聖エロワだといわれている[8]。真相は定かではない。シャルルマーニュの秘書官アインハルト〔七七五頃―八四〇〕は、「目下、殉教者マルセラン＆ピエール大聖堂の屋根を鉛でふかせている」という内容の書簡を、ある人物に送っている。ランスの大司教アンクマール〔八〇六頃―八八二〕も、ノートルダム寺院の屋根を鉛でふかせた。十二世紀末、パリの司教モーリス・ド・スリーは、シャロンのノートルダム寺院の内陣の屋根を鉛でふくよう遺言し、五千リーヴルの遺産を残した……。

中世、建造物の屋根は鉛で覆われていた。湿気から守るためである。鉛は、歴史的建造物や一般家屋だけでなく、軒樋、水道管、さらには芸術作品まで保護していた。したがって、鉛の消費量も厖大だった。以下は、ジャン・ド・トロワイユ[9]による『醜聞日記』からの抜粋である。「六月七日金曜日(一四八三)。パリの前述の場所で轟音とともに火の手があがり、パリ山のマダム・サント・ジュヌヴィエーヴの鐘楼に飛び火し……、鐘を溶かし、鐘楼を覆っていた鉛まで溶かした。鐘楼の屋根にはおよそ五万キロ以上の鉛が使われており、その損害は目を覆うばかりであった」。

18世紀の鉛管工。鉛を管に流し込んでいる

フランス・ルネサンス期には、重要建造物の建築に相当数の鉛管工が雇われた。ジャン・ル・ヴァヴァスール、グラン・ジャン、ルイ・コルディエらが、フォンテーヌブロー城の配管工事をまかされた。とはいえ、鉛管工組合のメンバーが法的に特別な資格を獲得したのは、一六四八年のことにすぎない。この時に定められた法規により、彼らは「パリ市内及び市外区の鉛管工・水道業者の親方」と定められた。[10]ただ、この資格が得られるのは、「国王の臣民として生まれた」フランス人で、四年の徒弟期間をつとめあげたのち、「昇級作品」[11]を完了した者だけに限られていた。つまり、建造物もしくは記念碑や彫像のどこか一部の施工を、全面的に受け持った経験のある者でなければならず、しかも、それを証明するような、なんらかの印がその部分に残されていなければならなかった。普通、その印は、施工者の名前の頭文字だった。

一七二九年、パリのブレティニー街に、鉛の圧延工場が設立され、それまでよりずっと手頃な値段で鉛を使用できるようになった。しかしながら、やがて亜鉛が台頭するようになり鉛は姿を消す。こうして、樋にも屋根にも亜鉛が使われるようになった。むろん、スレートの健闘も見逃せない。地方によっては、すでに十五世紀頃からスレートで屋根をふいているところもあった。

綱職人

「綱職人は後退《じさ》りしながら食い扶持を得る」と、冗談まじりに言われていた。この冗談の源は十六世紀までさかのぼる。その頃、こんな詩が綴られていた。

とどまりもせず、追い抜きもせぬ、
当節まれなお人好し、
宮廷人とは大違い、
ほかでもない、後退りしながら
前進してるおいらのことさ。

言うまでもなく、綱職人は、自分がなっている綱が長くなるにつれ、後ろに下がらなければならないところから生まれたジョークである。人頭税台帳によると、一二九二年、パリには二十六人の綱職人がいた。扱う素材は、菩提樹の樹皮、亜麻、麻、パイル、絹、とさまざまだった。当時、徒弟の組合入会金は五スーに値上がりしていた。パリ出身の親方衆が二十スー、よそから来た職人はパリ鋳造貨幣で三十スー納めなければならなかった。夜間、仕事をすることは禁じられていた。製品に関しては、二人の親方代表が厳しく管理していた。

綱職人

パリの綱職人は、「王家の運搬用家畜の手綱、端綱《はづな》、及び、国王裁判所において違法行為とみなされた事件に必要なすべての綱」を納めるという条件で、税金を全面的に免除されていた。絞首刑がひんぴんと行われていたため、死刑執行人らはのべつ綱職人のところに綱を調達しに行っていた。

絞首刑が頻繁に行われていたので、綱の需要が高かった。
1560年3月15日の処刑。ギーズ公一派の影響力が若い新王フランソワ2世に及ぶのを阻止すべく、コンデ公一派が新教徒と組んで陰謀を企てたが発覚、関係者は情け容赦なく処罰された

一四六七年、ルイ十一世の命によるパリ市同業組合民兵隊[12]結成の折には、綱職人は、馬具職人と共同の「幟《のぼり》」のもとに組織された。彼らは、一五八一年度の職業目録では第五番目の地位に登録されている。それだけに、なぜあれほどブルターニュの人々が綱職人を忌み嫌い、彼らに過酷な仕打ちをしたのか理解に苦しむ。ブルターニュ地方では、綱職人はどこでもほとんど村八分の状態で、人里離れたところに住まわされていた。おまけに、綱をなう仕事のほかに病死した牛馬の解体作業まで押し付けられることになる。このため、彼らの家の表には二つの看板が並んだ。片端には解体業者の印である馬の頭骸骨がそびえ、もう一方の端には綱職人の印である大麻の束がぶら下がっていた。人々は彼らを

「塩漬け肉の樽詰め工《カクー》」と呼び、ひどく蔑んでいた。一四三六年、トレギエの司教は、「礼拝に来るのなら、教会の後ろの席に座るように」と彼らに命じたほどである。ブルターニュ公、フランソワ一世〔在位一四五八―八八〕は、綱職人に糸と大麻の売買を許可したが、「人通りの少ない場所」で行うことという条件が付けられた。しかも彼らは、衣服に赤い布製のマークを付けるよう義務付けられていた。

　ついには、綱職人をキリスト教徒の墓地に埋葬することを拒む者まで現れる始末で、彼らの人権を回復させるために、高等法院《パルルマン》で裁決をはからねばならぬほどの事態になった。一六八一年には、サン＝カラデクの住民らがある綱職人の遺骸を掘り返してしまい、これを再埋葬させるのに裁判所が介入しなければならなかった。一七〇〇年、ある綱職人がランバル近郊にあるマルエの教会に埋葬されたところ、その教区の住民らが遺骸を掘り返し、街道筋にさらそうとした。一七一六年、プラグヌアルでは、そこに住むある貴族が一人の「カクー」の葬式に参列し、教会に彼を埋葬した。死者に対する敬意の気持ちからだった。三日後、遺体は下層民に掘り出され、綱職人専用の墓に運ばれた。十九世紀初頭でさえ、マルエでは、綱職人を「カキヌリー」と呼ばれる一般の人とは別の場所に埋葬していた。ここまで彼らがうとまれたのは、その稼業が絞首台と直結していたからではないかと考えられている。

鉄の錠前屋と真鍮の錠前屋

ルイ聖王治下のパリ奉行が錠前職人の許認可権を握っていた一二六八年頃、彼らは、鉄の錠前屋と真鍮の錠前屋に二分されていた。

鉄の錠前屋は、王室厩舎長の管轄下にあり、厩舎長は金と引き替えに開業権を錠前屋に与えていた。親方は、徒弟を何人かかえてもよく、徒弟の訓練方法にも条件は付けられていなかった。ただし、「夜目で、かくも微細な作業をすることは不可能であるから」と、燈下での仕事は禁じられていた。指定された鍵を使っても建物の管理人が屋内に入れないような錠前は、破壊され、その錠前の製造者は罰金を科せられた。押し型があれば鍵はたやすく偽造できる。そこで、偽鍵作り防止のため、錠前と鍵は常に一緒にしておくことがすべての錠前屋に義務付けられていた。「いかなる錠前屋も、錠前が仕事場にある時しか、鍵を作ってはならない」。

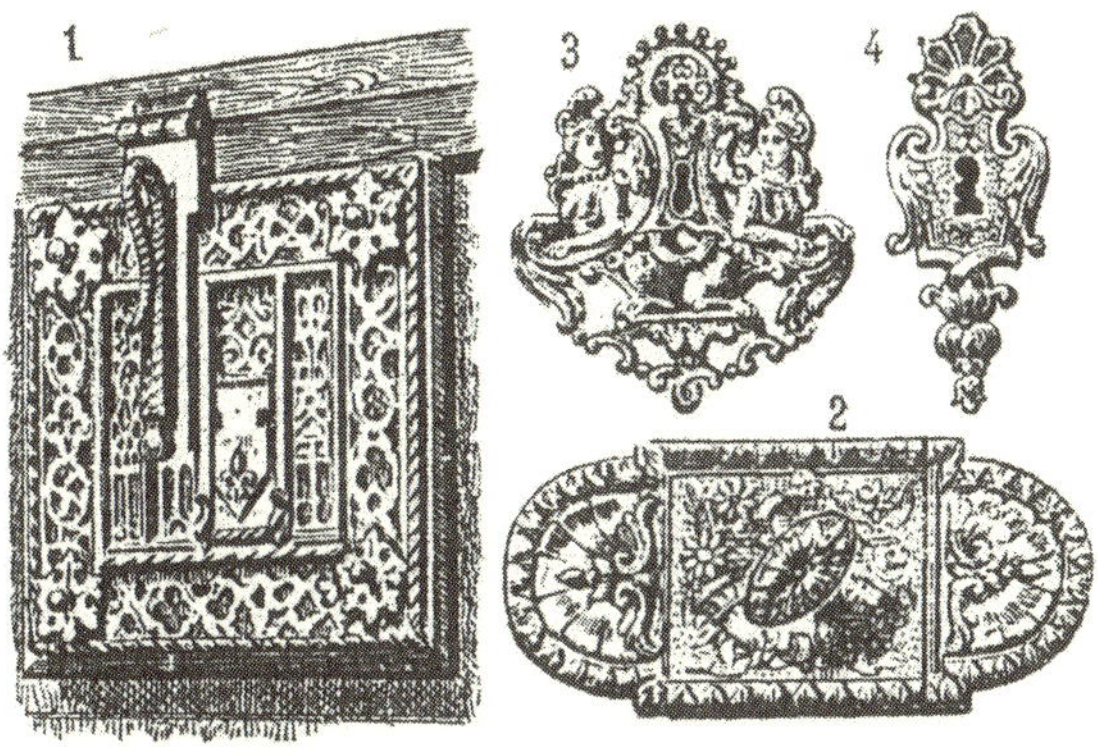

昔の錠前。1：錬鉄（15世紀）　2：ブロンズ（17世紀）
3・4：鍵穴（17世紀）

昔の鍵。1：ローマ時代　2：メロヴィンガ時代
3：7世紀以降　4：16世紀　5：17世紀　6：18世紀

銅の錠前屋は、「箱屋、箱錠製造人、真鍮の錠前屋」などとも呼ばれていた。彼らは、宝石箱や貴重品を収納する櫃《ひつ》などに用いる、優美な錠前を作っていた。真鍮の錠前屋の組織は、鉄の錠前屋のそれとは一切無関係だった。厩舎長の管轄下にあったわけでもなく、開業権を金で手に入れる必要もなかった。しかし、徒弟は一人しか抱えられなかった。おそらく、競争が激しくなるのを恐れたからであろう。徒弟期間は、「金のない子」が八年、「二十スー持って来た子」が七年だった。もし徒弟が逃げ出した場合、親方は一日、子供の父親はもう一日その子を探す義務があった。親方は子供が見つかるまでの間、徒弟なしで仕事を続けねばならなかった。これでは、嫌でも子供を大事に扱わざるを得ないし、その方が親方にとってもずっと得策だった。

鉄の錠前屋と同様、真鍮の錠前屋も燈下での作業は禁じられていた。土曜日は、季節を問わず、夕方の六時には仕事を終えた。真鍮の錠前屋が、鞘作り職人や小間物商から持ち込まれた古い錠前を修繕することは決してなかった。鞘作り職人らが、「錠前屋に払った修繕料に法外な料金を上乗せして、客に請求する」のを防ぐためである。

十四世紀になると、鉄の錠前屋と真鍮の錠前屋の共同体は一つに統合された。一三九三年の規約では、両者はまったく同等に扱われている。

堅牢染めと簡易染め

中世以来勢力を誇っていた染め物業者組合は、一六六九年、コルベール[13]により再組織された。毛織物染色の恒常的完成度を確保するため、新たな規則がもうけられるとともに、製法が二分された。「堅牢染め」と「簡易染め」である。

堅牢染めは、色を確実に定着させる薬剤もしくは原料を用いて、「大気の作用に抵抗力があり、刺激の強い腐食性アルコール含有液が付着してもシミになりにくいように」染めてある。簡易染めで染められた色は、逆に、「天日に弱く非常に短期間で退色し、大部分のアルコール含有液は、元の色に戻すのがほとんど不可能なくらいひどいシミになる」。

すべての色が堅牢に染められるのなら、なにもあえて簡易染めを許容することはなかったのではないか、と我々は思ってしまう。しかし、堅牢染めに比べ簡易染めは、作業がはるかに簡単で発色が良く、結果的にずっと安上がりだった。昔の人々が簡易染めを正当化していたゆえんである。

当時は、素材の種類により染め方が限定されていた。堅牢染めにすべき素材と簡易染めにしてもよい素材とが、法律で厳然と分けられていたのだ。縫い取りタピスリーの基布《もと》用ウール及び竪機《たてばた》・

臥機《ねばた》のタピスリー用ウール、一オーヌ尺〔一・一八八メートル〕の値段が四十スー以上の白地の布は、堅牢染めが義務付けられていた。

簡易染め業者は、裏地、生皮苧《きびそ》〔絹糸紡績の原料〕、綿毛混紡織物、シャルトルやアミアン風の薄手サージを染めていた。絹織物、毛織物及び糸を染める業者は、堅牢染めと簡易染めが同時に行えるライセンスを持っていたが、彼らの共同体は、絹部門、ウール糸部門、糸部門の三つに再分割されていた。

これ以外にも、煩わしい制限措置はいろいろあった。例えば、黒ラシャの染色は、最初堅牢染め業者のところで染め、仕上げは簡易染め業者のところで行わねばならないと定められていた。

堅牢染めには次のような媒染剤が用いら

ゴブラン織りの染色工房。1667年、王立工場になる

れていた。「ミョウバン、吐酒石あるいは石灰岩礫、ヒ素、レアガル、硝酸カリウム、硝酸塩、岩塩、塩化アンモニウム、食塩、無機塩、酒石酸塩、ハラタケ、エタノール、尿、錫、ふすま、グリンピースか小麦の粉、アミドン、石灰、焼き砂か真珠灰」。

染料には次のようなものがあった。「パステル、硝石粉もしくはケルメス粒、コチニール、モクセイソウ、サレット、インディゴ、アルカンナ、タンピコ、カリアトゥール、ヒトツバエニシダ、コロハ、クルミの果皮、クルミの木の根、ハンノキの樹皮、没食子《もつしょくし》……」。

簡易染め業者に割り当てられていたのは、「藍、ロッグウッド、ブラジル蘇芳《すおう》、白檀、スュテル、ヒマワリ、テラメリタ、リトマスゴケ、紅花、アナート、タンチュール・ド・ブール、煤、セイヨウムラサキ」などである。

一六八五年のナントの王示廃止[14]により、多くの優れた職人が亡命。フランスにおける染色業の発展は突然停止してしまった。しかし、十八世紀も半ば頃になると、化学薬品の発明、及び、前世紀に比べずっとリベラルになった職業規制のもとで、染色業界は活力を得、新たな発展の時代を迎えることになる。

手編みの長靴下

古代の無縫製のドレスは、編み針で編んだだけのごくシンプルなものだった。この種のニット製品は、その後も途絶えることなく使用され続けた。十三世紀、「木綿の帽子屋《シャプリエ・ド・コトン》」と呼ばれる人たちは、手袋やボンネットを木綿糸で編んでいた。十五世紀中葉、彼らは「ボンネット職人《ボネティエ》」と呼ばれるようになるが、その後職域を広め、帽子だけでなく長靴下も編むようになる。これが中世以降隆盛を誇っていたショース衰退の引き金となった。ショースは、タイツ風の長靴下兼用のズボンだが、布地を縫製したものなのでほつれやすく動きにくかった。フランソワ一世〔在位一五一五—四七〕はまだショースをはいていた。毛足の短い毛織物のショースだった。彼の息子のアンリ二世が即位〔一五四七〕した頃から、「手編みの長靴下」ないし「ブロケード模様の靴下」が登場する。二本の木製の針を使って、鉄や真鍮の針金を手で編んだものだった。まもなく、もっと軽くてしなやかな素材が使われるようになる。上流階級の人たちは絹糸、それ以外の人たちは、「エタム」と呼ばれる撚《よ》りの強いウール糸で編んだ長靴下をはいた。が、やがて、これらの製品を作っていた大手ボンネット業者の前に、強敵が現れる。パリのルールシヌ街[15]にあったちっぽけなボネティエ組合が、ぐんぐん頭角を現し、たちまちサント＝ジュヌヴィエーヴ界隈にまで勢力を拡大したのである。

その組合の所在地にちなんで、「フォブール・サン＝マルセルのボネティエ」とか「エタムの靴下職人」と呼ばれていたこの職人集団の製品は、非常に高く評価され、その名声はその後二世紀近く続くことになる。乾燥アザミで起毛し、「ラシャ仕上げ」をほどこした、分厚い手編みニットの長靴下だった。

ショース（16世紀）

帽子工と長靴下工の作業場。左の女性は縮絨をしている。右側では梳毛と剪毛を行っている（『百科全書』より）

一六二七年、フォブール・サン＝マルセルの親方らは、「ニット製造業者兼仕上げ工兼縮絨《しゅくじゅう》工兼準備工」の肩書きを授けられた。彼らが長靴下、ソックス、チョッキ、手袋、ミトン、ボンネットなど、あらゆる種類の手編み製品の仕上げ加工、縮絨、準備調整に独占的にたずさわっていたからである。当時、この組合の加入許可を得るためには、三本どりの高級ウール糸で「クレミョール」と呼ばれる男物のボンネット二個と、四本か五本どりの細いエタム・ウール糸（梳毛《そもう》糸）でイギリス風長靴下一足を、編み針で編まなければならなかった。今思うと、これは、我が国における英国産ニット製品のコピー時代であった。

　十七世紀後半、コルベールの活躍により、フランスの津々浦々にまで「紡績機」が普及し、長靴下も機械生産されるようになった。その結果、編み針の出番もなくなった。

織工

その著書『最後のブルターニュ人』の中で、小説家エミール・スーヴェストル（一八〇六―五四）は、織物産業の革命期に遭遇した織工の暮しぶりを、彼一流の思い入れたっぷりな筆致で描いている。

　彼らの惨めな生活は、従来の手工業技術を踏襲していた、フランス国内のすべての織工に当てはまるものだった。「ブルターニュ地方の労働者の中で、織工ほど惨めな者はいない。かつて、布地はこの地方の重要産業であり、膨大な輸出量を誇っていた。戦争と行政の失敗と通商条約が、この産業を壊滅的に破綻させた。織物業者が代々蓄積してきた多くの資産は散逸し、今や

機織（はたおり）風景（17世紀、オランダ）

（十九世紀初頭）織工らは貧民に成り下がっている。その貧しさたるや、リヨンの絹織物工《カヌー》の比ではない……」。そうした不遇な織工の一人が、親から譲り受けた風変わりな彫り物のある織機《しょっき》を前に、自分で削ったごつい杼《ひ》を縦糸に走らせ、かたわらでは妻が、やはり家伝の古ぼけたカセ繰り機で糸を巻いている。「家の中は、放置された四台の織機で足の踏み場もなかった。男はふと、その織機が動く音をかすかに聞いたような気がした。四人の織工が、ガレー船の奴隷が船をこぐような仕種で、懸命に布を織っているのを見たような気がした。父親や祖父が生きていた頃のように……」。これが、かつて隆盛をきわめたブルターニュの織物産業を支えていた男の、末路だった。

春になると、クアンタンやユーゼルから、二人ずつ組になってやって来た、ピトレスクな販女《ひさぎめ》らの姿はもう見られない。方々の村や城下町で、手織りの美しい布地をオーヌ尺で売りながら、彼女らは、オート＝ブルターニュを巡り歩いていた。

リヨンの絹織物工《カヌー》の暴動

十九世紀初頭、ジャカール〔一七五二―一八三四〕が紋織機を発明した。それまで、模様織りをするためには、一台の織機に数人の織工が付かなければならなかった。工夫を凝らした、単純な構造の織機が登場したおかげで、複雑な模様の絹織物も、たった一人の職人の手で、無地と同じくらい簡単に織れるようになった。織機一台につき男三人、女二人の労働者が一挙に削減された。その結果、当時二万台の織機を擁していた絹織物産業の中心地リヨンでは、おびただしい数の織工が首になり、路頭に迷う破目になった。この技術革新を、「自分らの手足をもぐ」ための方便としかみなさなかった人々が、打ち壊し運動を起こした。しかし、ジャカールはあらゆる障害に打ち勝った。それが証拠に、一八一二年にはもう、リヨンの町には、最新のメカニズムを備えた織機が大々的に普及していた。

一八三一年当時、リヨンの絹織物産業は、四万人の労働者をかかえていた。彼らは「貧乏人《カヌー》」という侮蔑的なあだなを付けられていた。カヌーの上に八千から一万人あまりの工房長がいた。工房長は、織機を何台か持っており、徒弟修業を終えた職人を雇っていた。職人は、自分の賃金の半分を織機の使用料として工房長に納める仕組みになっていた。工房長の上に大手製造業者が八百人おり、彼らは商品発注の仲介役も兼ねていた。業界の頂点で繁栄を誇っていたのは、一級品の納入を一手に請け負う取次商《コミッショネール》だった。彼らこそ、絹織物産業の寄生虫であり、平気で人を食いものにするあくどい連中だった。

「カヌー」はついていなかった。それでなくとも食うやくわずだったのに、これに追い打ちをかけたのが、リヨン以外の地域における絹織物メーカーの増大だった。メーカー間の熾烈な競争は、フランス国内の業者同志だけでなく、スイス、イタリア、ケルン、イギリスなど近隣諸国の業者との

紋織機を発明したJ. M. ジャカール
(C. ボンジョン、1796–1860)

1831年11月22日、リヨンのベルナルディン広場では、蜂起したカヌーと治安部隊との間で血みどろの攻防が展開された

間でも展開されるようになっていた。その結果、かつて飛ぶ鳥おとす勢いだった頃には、四、五フランだったリヨンの織工の賃金は、二十五スー以下になってしまった。これが、十七時間ないし十八時間労働に対する報酬だった。

一八三一年十一月、血みどろの暴動が発生した。町には不運な織工らのかかげる黒い旗がひるがえり、旗には悲壮なスローガンが記されていた。「働きながら生きるか、闘いながら死ぬか」。蜂起は三日間続いた。カヌーらは武装解除され、多くが織機を捨てた。今で言う「再就職口」を、彼らは血まなこで探し回った。

からくり人形

すでに三千年前、「生き物」と同じ動きをする機械が作られており、これでぼろ儲けをしたぺてん師らがいたという。しかしながら、古代

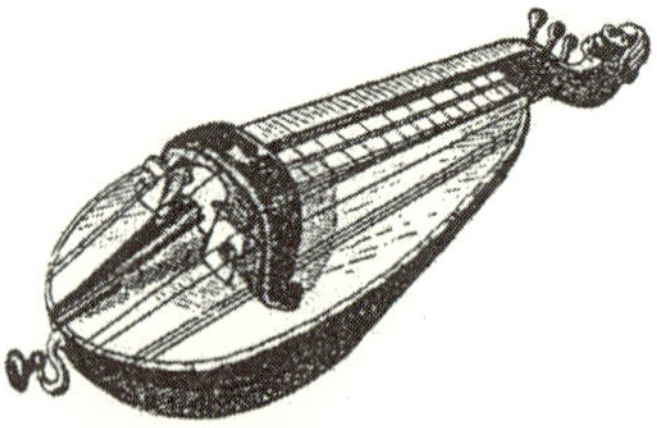
ハーディーガーディー

ギリシャ・ローマ時代の人々の証言を聞く限り、彼らの作った「人造人間」が、その後ヨーロッパで生まれた自動人形以上のものであったとは思えない。最初の傑作はやはり、中世のストラスブールやプラハ、リューベックに現れた人形群である。方々の市庁舎や教会などの塔で、連続回転する騎士や剣を交える兵士、ファンファーレを吹き鳴らして時刻を告げる楽士などが、機械仕掛けの大時計の動きに連動して、現れては消えていた。こうした自動人形のいくつかは、今も健在である。

多くの天才が、自動人形を作っている。レオナルド・ダ・ヴィンチは「巧緻な玩具」を組み立てたし、デカルトが芸達者な人形を作ったことも良く知られている。デカルトはその人形を「わが娘《こ》、フランシーヌ」と呼んでいた。

カルメル会修道士のセバスチャン神父[16]は、「百以上の断片からなる機械仕掛けの五幕物オペラ」を苦心のすえ完成し、ルイ十四世に見せた。ルイ十六世はヴェルサイユにしゃべる人形を持って来させた。「国王は人民を幸せにし、人民の幸せは国王を幸せにする」と、人形はしゃべった。蓄音機の起源とも言えるこの「おしゃべり人形」は、ミカル神父（一七三〇―八九）の最高傑作の一つだった。

設計技師ジャック・ド・ヴォーカンソン（一七〇九―八二）の作品は、さらに精巧だった。ソルボンヌの教授らでさえ、そのからくりにはだまされた。「ハーディーガーディー[17]を弾く女」、「太鼓を叩く男」、くちびると指で十二音階を奏でる「フルート奏者」などの傑作（いずれも身長約百六十五センチ）は彼によって生み出された。中でも、「人工アヒル」を作った時の反響たるやすごかった。泳いだり、羽ばたきをしたり、穀物を飲み込んだり、一定の経路を通して排泄したりするアヒルだった。謹厳な大学教授らがその消化機能の構造を解明しようとやっきになり、ためつすがめつ眺めまわした。

さて、驚異的な発明品のその後の運命やいかに？　一七五三年、ロシアに旅立ったヴォーカンソンは、ニュールンベルクでこれらを抵当に入れる破目になった。一七八七年になっても、人形はみな梱包されたまま、ある銀行のカウンターの中に置いてあった。三千フローリンの値札が付いていた。

その後、ヴォーカンソンに勝るとも劣らぬ逸品を生み出したのが、奇術師のロベール・ウーダン（一八〇五—七一）だった。電気仕掛けの人形を初めて作ったのは彼である。「手品師」、「綱渡り芸人」、「ケーキ屋」、「写本図案家」らで構成された、彼の人形劇団は大変な名声を博し、フランス政府からアルジェリアに招聘されたほどである。……アラビアの魔術師どもをやっつけるために！

しかし、一七八三年にロシアからやって来た、無敵の「チェス士」の右に出るものはない。ケンプラン男爵（一七三四—一八〇

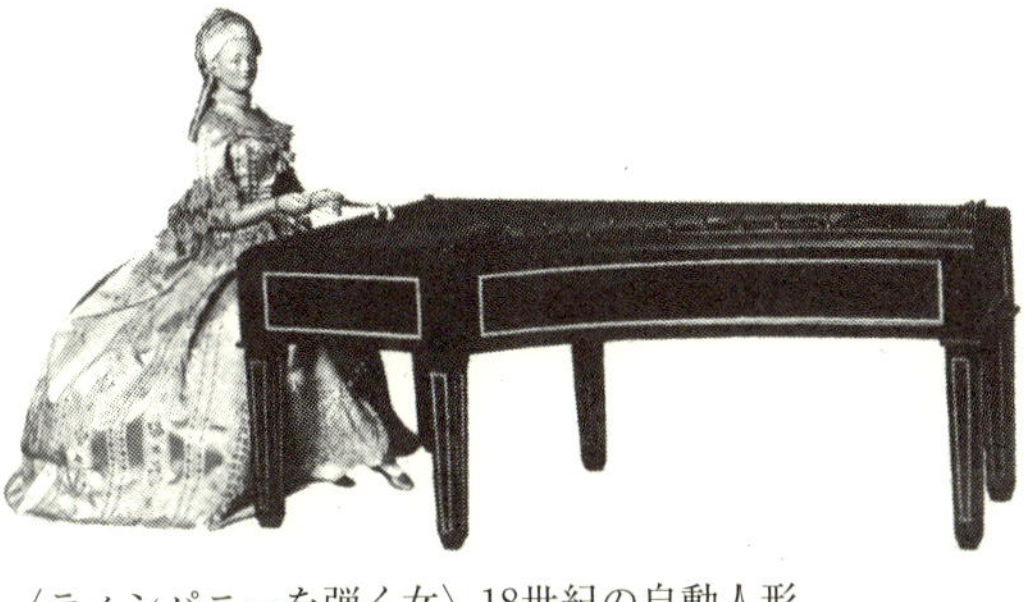

〈ティンパニーを弾く女〉18世紀の自動人形

四」の傑作であるこの自動人形は、ヨーロッパ中に感動の嵐を巻き起こした。この自動人形にインスピレーションを受けて誕生した小説も、一つや二つではない。一八〇九年、ナポレオンが「チェス士」に挑戦した。勝負は引き分けに終わった。のちに判明したことだが、この機械は、あるポーランド人の反乱軍指導者[18]を、ロシア領から脱出させるために考案されたものだった。ゲームの賭け金が、逃亡資金になった。

科学の目覚ましい進歩により、超自然的なものに関心を持たなくなった現代人は、電子機器を発明したからといって、必ずしもその形態を人間に似せねばならないなどとは考えなくなっている。

パリの玩具

二十世紀初頭、パリの玩具職人は、当時強敵となり始めていた機械製品との闘いを強いられていた。才能には恵まれても金にはとんと縁のない、しがない職人らは、屋根裏部屋の片隅で細々と仕事をするしかなかった。マレー地区が彼らの居住区だった。たいてい、作業台とストーブとテーブルとベッドが一つずつ付いただけの、ちっぽけなアトリエを借りていた。年末年始のお年玉の時期、パリの大通りで露天商が売っていたあの楽しいオモチャは、この界隈で作られていたのである。

二十九個の部品を根気よくつなぎ合わせた、型押しの小さなブリキの汽車が、露店で二十サンチームで売られていた。もう少し資金のある職人は、紙の兵隊や憲兵を作り、仲買い人に四十サンチームで卸していた。ボール紙に色を塗りニスをかけた、手足の動く人形だった。子供相手の掘っ建

ポン＝ヌフのオモチャ屋。パリの元旦風景（J. H. マルレ、1771−1847）

て小屋のオモチャ屋では、ピエロやお嬢さんの衣装を着せられたぜんまい仕掛けの人形が、自動的にシャボン玉を吹いていた。この人形は一フラン七十五サンチームで売られていた。サテンの服の下は、腕を針金で、手と足をボール紙でつなげた一片の木切れだった。足の下に取り付けられた送風器から伸びているゴム管が、シャボン玉を吹き出す木の管につながっていた。このような安物のオモチャを作る職人の悩みの種は、原価が高すぎることだった。シャボン玉人形の場合、一体当たりの製造コストが一フラン四十五もした。儲けは雀の涙ほどにもならなかった。

露店で二フラン九十五で売られていた連発射撃人形の卸値は、一フラン八十で、この中には梱包用の大きなボール箱代が含まれていた。射撃兵を作るには、まずエピナル版画[19]を切り抜き、それをボール紙に貼り付け、それぞれの接ぎ目をつなげて組み立ててゆくのだが、これにかかる材料費や付属品、針金の代金もその中に含まれていた。これで商売を続けてゆくためには、一日当たり四ダースの射撃人形を作る必要があった。忙しければ忙しいで、人件費がかさんだ。かきいれ時には、臨時雇いの職人を二人も頼まなくてはならなかったからである。

機械が、それでなくとも逼迫していた彼らの暮らしを、さらに悪化させることになる。

【訳注】

（1）クレッシュ：クリスマス前後、教会の脇などに飾られたキリスト生誕の模様を再現した群像。

（2）帯状林地帯：境界林による囲い地の一帯。

（3）アグリコラ・ペルディギエ（一八〇五―七五）：フランスの指物師、組合運動家。対立する職人組合間の和解と、職人の質の向上に尽力。『職人組合読本 *Livre du compagnonnage*』は、後に職人組合のバイブルとなる。

（4）テオフィル：十一世紀末から十二世紀初頭に活躍したドイツのベネディクト会修道士。『諸技術大綱 *Diversarum artium schedula*』は、欧州各地の工房を訪ね、絵の具、ステンドグラス、モザイクなどの製法の調査結果をまとめたもので、当時の諸技法を知る上で貴重な文献となっている。

（5）ルイ聖王（一二一四／一五―七〇）：ルイ九世、フランス王（在位一二二六―七〇）。対英和睦など治世の安定をはかる一方、二度の十字軍に参加、文化の充実にもつとめた。一二九七年ローマ教会により聖人に列せられる。

(6) エティエンヌ・ボワロー（一二〇〇―七〇）：ルイ聖王により、パリ市の司法・軍事・行政を司る奉行職に任ぜられ、市政府の改善につとめる。『職業要覧 *Livre des métiers*』は当時の市民生活を知る上で貴重な資料とされている。

(7) 苦行会修道士：別名「袋修道士」（彼らは袋状の長い服を着ていた）。早くから金属の採掘及びその加工に優れた技術を持っており、パリに製線工場を設立したのは彼らではないかと言われている。

(8) 聖エロワ（五八八頃―六六〇）：金銀細工師だったが、その作品がクロタール二世に認められ、同王の大臣となる。六四一年司祭に任ぜられ、貧民の救済及び奴隷解放に尽力する。

(9) ジャン・ド・トロワイユ（十五世紀）：パリ市役所の書記官。長い間、『醜聞日記 *Chronique scandaleuse*』（正式名『ルイ十一世年代記 *Chronique de Louis XI*』）の著者とされていたが、その後、『サン＝ドニ大年代記 *Grandes chroniques de Saint-Denis*』のほぼ忠実な引き写しであることが判明。

(10) 市外区：中世の都市で市壁の外にある街区。

(11) 昇級作品：弟子が親方として認められるべく、その技能の熟練度を示すための作品。

(12) パリ市同業組合民兵隊：ルイ十一世の王領拡大に徹底抗戦の構えのブルゴーニュ公、シャルル勇胆公のパリ侵入に備え組織された「平民」警備隊。

(13) コルベール（一六一九―八三）：フランスの政治家。ルイ十四世のもとで財政総務監をつとめ、重商主義政策を実施、絶対王制の経済的基盤を固めた。

(14) ナントの王示の廃止：一五九八年アンリ四世はナントの王示を発布。フランス国内における新教の自由を許容することにより、三十年来の宗教戦乱を鎮静化させた。しかし、一六八五年ルイ十四世によりこの王示が廃止され、新教徒の大量亡命を引き起こした。

(15) ルールシヌ街：フォブール・サン＝マルセルの一角にあった通り、現在のブロカ街。

(16) セバスチャン神父：39頁の注（6）参照。

(17) ハーディーガーディー：鍵盤付き摩擦弦楽器の一種。弦をこする円盤を右手のハンドルで回し、左手の鍵で音の高さを定める。十八世紀にフランス社交界で流行した。

(18) ポーランド人の反乱軍指導者：第一次ポーランド分割から四年後の一七七六年、リガにおける反乱軍の指導者ヴォルスキーを逃すため、ケンプラン男爵がチェス士の姿をした自動人形（中は空洞）を作りこれにかくまって脱走させた。

(19) エピナル版画：フランス北東部、ボージュ県の県都エピナルで生産された民衆版画。通俗的な伝説や歴史を題材としたものが中心で、特にナポレオンにまつわる版画が多数制作された。

6　火にまつわる仕事

点火器《ライター》売りとマッチ売り

十九世紀初頭まで、人々は火打石で発火させていた。古代人さながらに、火打石の摩擦により発した火花を利用するしか、火を手に入れる方法がまだなかったからである。

十四世紀当時、現在の「小銃《フュジル》」という言葉は「点火器《ライター》」と同義語だった。発火させるためにはさまざまな小道具が要った。発火石、鉄か鋼の点火器、火口《ひぐち》その他あらゆる引火性の素材。マッチも使われたが、現在のものとはまったく質を異にしていた。初期のマッチは火付きが悪く、発火してもすぐに消えてしまった。木片か麻殻の先端を、溶かしたイオウにつけただけのものだったからである。辞書編纂者のフュルティエール〔一六一九—八八〉は、マッチを次のように定義している。「乾燥した木か葦の小さな棒をイオウ液につけたもので、蝋燭に点火するために用いる。吝嗇な女は棒の両端を使わせたがる」。一六九九年の『メルキュール・ド・フランス』誌に、マッチ棒を謎かけ歌にした稚拙な詩が載っている。

おいらたちは便利者
日々の暮らしに役立っている。
当人の気持ちも聞かず、みんな勝手に
おいらたちを売り買いしてる。

「マッチはいかが！」（1791年、ロンドン）

毎日毎日、刻みタバコのその上で、
おいらの仲間が死んでいる、
おのが使命をまっとうし、
かすかな臭いをあとに残して

長い間、点火器とマッチ棒は別々に売られていた。したがって点火器売りとマッチ売りがいた。どちらもしがない商売だった。

リンと塩素酸カリをベースにした、「摩擦で火が付くマッチ」が発明されたのは、一八三二年頃のことである。

照燈持ち《ファロティエ》

一六六二年、イタリア人聖職者ラウダティ・カラッファ神父は、ルイ十四世から許可状を獲得した。「街路の往来を希望する人々を導き照らす、角灯《ランタン》持ち及び手燭持ち」なる職業を創設するための許可状だった。当時パリでは、照明不足のため、強盗や殺人、事故が頻発していたからである。この営業権を得た者は、以下の条件を課せられた。「その雇用者の使用する手燭は、パリ市内の香辛料取り扱い業者もしくは同製造業者から購入するものとする。この手燭は黄色の上質の蝋製で、パリ市のマーク入りの、重量一リーヴル半のものでなければならない。また、この手燭は均等に十等分され、最後まで完全に燃焼し得るよう、燭台の受け口差し込み分として各三プース分の余裕を見込んだものでなければならない。この手燭の使用を希望する者は、十等分された手燭一個につき、五スー支払うものとする。ランタン持ちは、各人八百歩、すなわち百トワーズごとに設置された部所に配属されるものとする。……上記のランタン持ちは、四輪馬車もしくは駕籠による移動者にも照明を提供でき、この業務に対する報酬は十五分につき五スーとする。なお、上記の者は、パリ市のマーク入りの、正確に十五分刻みの砂時計をベルトに携帯するものとする……」。

一七六九年以降、ランタン持ちは、「照燈持ち《ファロティエ》」とか単に「照燈《ファロ》」と呼ばれるようになった。著書『パリの地理学者』（一七六九）の中でルサージュは、「警察はファロに番号を付け、認印付きの許可証を与えていた」と伝えている。この職業は、行政当局の管轄のもとに、アンシャン・レジーム末期まで存続した。彼らの仕事ぶりを実際に見たことのあるメルシエは、次のように記している。「夜食が終った頃になると『照燈《ファロ》でございい！』という声が聞こえる。彼らはこうして、互いに声を掛け合いながら、一晩中叫んでいる。窓ぎわに寝ている人たちの安眠を妨げながら。舞踏会や集会を催している館の前にたむろして、客待ちをする者もいる。夜遅く家路につく人々にとり、ファ

ファロ

口は便宜と安全を与えてくれる、ありがたい存在だ。彼らは客を、家はおろか部屋までだって送ってくれる。たとえそれが八階でも。召使も、女中も、マッチも、火口も、点火器もない客には、蝋《ろう》燭《そく》の火だって付けてくれる……」。お祭しの通り、愛想の良い火付け役が、明け方にならないと階段を降りて来ない、なんてこともよくあった。

革命政府により、ファロは排除されたが、帝政時代に再登場。一八〇七年当時の彼らの賃金は、コースにより六スー、八スー、十スーに分かれていた。彼らは「巡回する警察のイヌ」、という異名もとっていた。ファロと警察との癒着ぶりはつとに有名だったからである。

煙突掃除夫

『パンタグリュエル　第三之書』（一五四六）の中で、ラブレーは煙突掃除夫について語っている。ほとんどが、ピエモンかサヴォワ地方の出身者だった。

お宅の煙突払いましょう、若奥《ジュンヌ・ダーム》さん方、
上から下まできれいさっぱり。
稼がせちゃあもらえませんか
今日の食いぶち……

と叫びながら、彼らは街を回っていた。

太い煙管の場合は、ロープに取り付けたソダの束で掃除した。細い管の場合は、子供がもぐり込むこともよくあった。彼らは小さな体を折り曲げて膝でよじのぼり、上から下までくまなくススを掻き取った。

煙突掃除夫の生活は苦しかった。仕事にあぶれると、彼らはカット硝子の小物や金銀細工、安物の装身具の行商をした。しかしこのため、同一商品を扱う小間物業者の突き上げにあい、ひどい迫害を受けた。彼らを憐れんだルイ十五世は、一七一六年、煙突掃除夫を保護する王令を出した。「ロンバルディア地方クラヴェッジア、マレショ、ヴィエト諸村出身の哀れな煙突掃除夫兼行商人より、我が王国において煙突掃除を職業とする者は自分らのみであるが、その収入では生計が成り立たぬため、カット硝子、安価な装身具その他の雑貨を懸命に行商している……、との陳情があった。ここに国王は命ずる。一つ、彼らは今後ともそのしがない商いを続行し得る。一つ、以後何人もこの行為を邪魔だてしてはならない」。

宮廷の煙突掃除は、「王室付き煙突掃

煙突掃除夫（N. ボナール、1646−1718）

除夫」なる役職を共有する、三名の者により行われていた。百リーヴルの年俸に加え、掃除を担当した煙突一本につきなにがしかの追加金をそれぞれが得ていた（『フランス公報』一七一二）。彼ら以外は一様に、豊かというにはほど遠い暮らしをしていた。一七三二年、惨状を見かねたポンブリアン神父〔？―一七六〇〕が、彼らのためにサヴォワ人学校をパリに設立。そこに行けば、「煙突掃除夫、靴磨き、木こりらは、手頃な住居を与えられ、読み書きを教えてくれる教師にも出会えた」（ユルトー＆マニー『パリ事典』）。

一七七七年、ヴィルマンなる人物がパリの各区に一ヵ所ずつ、計二十の事務所を開設した。そこには、特別なお仕着せ――といっても、ほとんどがボロボロだったが――を着せられ、各自番号札を付けられた煙突掃除夫が、二十四時間態勢で待機していた。収益にムラがあったため、十年後、事務所の数は七軒に減った。この事務所の掃除代は、次のように定められていた。一階と中二階の煙突が八スー、二階が六スー、三階と四階が五スー、五階が四スー。過酷な労働のわりには、あまりにもささやかな賃金だった。

蝋燭の芯切り係

彼らの仕事場は主に劇場だった。照明が蝋燭《ろうそく》だった時代には、幕間ごとにシャンデリアを下げ、蝋燭の芯を切らねばならなかった。シャンデリアが下げられるや、芯切り係はさっと舞台に進み出る。作業は迅速に行わねばならない。彼らは、シャンデリアを回しながら、ハサミで手際良く芯を

ルイ14世時代のロワイヤル劇場のシャンデリア（『王国名鑑』より）

切って行く。炎の根元の部分を、一発で切断せねばならない。観客はこの作業をじっと見守り、うまく行くとどっと拍手がわき起こるのだった。

たまに、芯切り係が腹心の役[1]をやらされることがあった。そうなると、本職以外でも喝采や野次を浴びることになる。ある戯曲の序文で、コルネイユは、もう芯切り係用の役を書くのは嫌だと宣言している。彼らの演技が気に入らなかったのだ。

一六七四年、戯曲家シャピュゾーは次のように記している。「芯切り係は二名である。彼らは、幕間に、観客に気をもませぬようすみやかに、悪臭をかがせぬよう的確に、職務を遂行せねばならない。彼らはまた、火が緞帳に燃え移らぬよう絶えず気を配っている。場内には、水を一杯に張った樽や多数の手桶が常備されている」。

一六六〇年、モリエールは、パレロワイヤルの舞台を、十二個のクリスタルガラスのシャンデリアで照らした。それぞれに六分の一リーヴルの重さの蝋燭が十本付いていた。フットライトは、八分の一リーヴルの蝋燭四十八本で照らされた。国王来賓の際だけは、いつもの獣蝋のかわりに蜜蝋が使用された。王の面前でかぐわしい蝋燭の芯を切るのは、芯切り係にとり、仕事冥利につきる瞬間だった！

『職業辞典』の著者アルフレッド・フランクラン〔一八三〇―一九一七〕によると、コメディー・フランセーズの記録簿には、時々、戯曲名の前に「かまど《アン・フール》」と記してあるという。これは、その戯曲が赤字のため打ち止めになったという印である。蝋燭の火が消されると、場内は火を落としたかまどのように真っ暗になるからだ。この間、芯切り係は仕事にあぶれた。

18世紀、啓蒙の世紀におけるパリの灯

夜の出陣を前に集合する街灯点火夫（1902年、パリ）

街灯点火夫

その昔、今日の「街灯《レヴェルベール》」という言葉は「金属板」という意味でしかなかった。たいていの場合、この金属板には銀メッキがほどこしてあり、ランプや蝋燭の背後に設置されて反射鏡の役目を果たしていた。一七四五年、マトロ・ド・プレイネイ神父とシャトーブラン・ド・ブルジョワなる人物が、この金属板を新しい街頭の照明に応用しようと思い付いた。こうして、ある大げさな詩人をして「闇の支配はもはや終わり……」と言わしめた、「街灯」の誕生となる。蝋燭のかわりに灯油を使い、金属の反射鏡で光を拡散させたものだった。これが普及するにつれ、反射鏡を備えた角灯《ランタン》はもちろん、反射鏡など使っていない鋳鉄のガス灯の笠まで、「レヴェルベール」と呼ばれるようになる。

一九〇〇年頃、パリは光の都と称えられていた。当時、街灯点火夫といえば、パリの花形。イナセで幅のきく職業だった。たそがれ時になると、青い作業着に身を包み、カスケットをまぶかにかぶった点火夫の姿が見られた。彼らは、先端に小さな炎が赤あかと燃える長い竿を肩に担いでいた。点滅は、根元にゴムの球状の握りが付き、先端に鉤《フック》の付いたこの竿で行う。点火の際は、フックでガスの栓を開け、長い管の根元に付いたゴムの握りを押しながら、ガス栓の口に小さな炎を移す。こうして、彼は、歩道の明かりを一つずつ灯しながら進んだ。明け方になると、逆の行程で火を消して回った。

ベル・エポックの頃のパリの夕暮、人々をあっと言わせ、女性たちの憧れの的になっている街頭点火夫を、もてない中年男らが横目で見ていた。

皮革《ブ》・薫製業者《カニエ》

十八世紀、ドミニカ島(2)に定住し皮革・薫製業を営んでいたフランス人(3)がいた。皮革《ブ》・薫製業者《カニエ》には、主に皮革の製造販売を行う者と、薫製肉の製造販売を行う者がいた。前者は野牛を狩猟し、後者は猪を狩猟した。武器、服装、装備はどちらも似たようなもので、猟犬の群れを従えているところも同じだった。猟犬の数は二十五頭から三十頭で、その中には、吠えずに獲物の跡を付けるよう仕込まれた犬が二頭混じっていた。この特別犬は、獲物の腹をえぐって殺すよう調教されていたので、「腹裂き《ヴァントゥール》」と呼ばれていた。

ブカニエの武器及び狩猟用備品は、銃一丁――重さ十六分の一リーヴルの砲弾用で、砲身の長さは四ピエ――、十キロ近い火薬、鞘入り短刀二丁だった。火薬は小分けにしていくつかのルツボに詰められ、蝋で封印してあった。銃はディエップやナントから、火薬はシェルブールから取り寄せたものだった。短刀は、獲物の息の根をとめ、「皮を剥ぎ」、解体するための道具だった。これらの装備は、有事には戦闘用具に早がわりした。近隣の血も涙もない宿敵、スペイン人が、いつ襲って来るかわからなかったからである。

狩猟時のブカニエのいでたちは、シャツ二枚に膝丈の股引き《オー・ド・ショース》、厚手の軍人用マント。頭には、厚手ウールのボンネットか、前だけにつばの付いた「キュル・ド・シャポー」をかぶり、豚皮を自分で染めた手製の靴をはいていた。「蚊帳《かや》」は必携品だった。極薄の亜麻布製のテントで、就寝中蚊から身を守るために用いられた。移動の際は、巻いて「肩帯《かたおび》」状にして運んだ。

どのブカニエも、「寝床仲間《マトロ》(4)」と呼ばれる相棒と行動を共にした。彼とはすべてを分かちあい、狩猟の際はマトロがブカニエの補佐をした。野牛を仕留めると「親分が四本の脚を引きちぎり、生温かい骨髄をすすった。これが彼の昼飯になった」。下男が獲物の皮を剥ぎ、その皮をブカニエの「集会所《ロッジ》」に運んだ。ロッジといっても、ただのあばら屋である。ここで下男は皮に「小串を刺す」。つまり、皮の内側を上にして地面に広げ、皮の縁にそって六十四本の木釘を刺して固定し、なるべく早く乾燥させるため塩と砂をよく攪拌したものを擦り込むのである。狩猟は、来る日も来る日も、年中無休で繰り返され、十八世紀のフランスに最高級の革を供給した。

猪を捕る猟師らは、その肉を薫製にしていた。皮を剥ぐため獲物をロッジに運び、骨を取り除くと、肉を「獲物の大きさに従い、一抱えないしそれ以上の大きさに、らんじり〔内股肉の部分〕に添って」縦にばらす。ばらした肉は「棕櫚の葉」の上に置き、微細粒海塩を振りかける。十時間から十二時間して肉から水分が出て来たら、「薫製小屋」に運ぶ。円周二十五から三十ピエの別のロッジだ。

開口部は扉だけの、棕櫚の茎でできた薫製小屋の中央には、丈が七から八ピエ、太さが手首ほどの棒で組み立てた、火あぶり台《グリル》状のものがそびえている。グリルは、何本かの二股棒で、一定の高さに支えられていた。グリルの上に薫製にする肉をのせ、下から火をたく。必要なのは熱よりも煙だ。なるべくいぶりやすい木片その他もろもろを燃やすと同時に、肉を削ぎ落とした獲物の骨を投げ込む。こうすると、煙の量が増えるだけでなく、「骨から分離した揮発性の塩が肉にこんがり焼き色を付け、味にもずっとコクが出る」からだ。

この肉はパッケージ単位で売られた。普通、重さ六十リーヴルの肉一包みが六レオー（スペイン硬貨）だった。薫製肉はドミニカ島、トルチュ島、アンティーユ島などの西インド諸島だけでなくフランス領アメリカでも大量に売れた。フランス本国からやって来る船舶や海賊らにも売った。ヨーロッパ人は、この薫製法をカリブ人から学んだ。ただ、ウムラン(5)によると、人食いインディアンと同様、カリブ人にも、この方法で人間を薫製にする習慣があったという。おぞましい話である。

蜜蝋燭師

中世、蜜蝋《みつろう》は人々の暮らしの中で重要な役割をになっていた。まず第一の役割は、重要書類の署名用公印であった。宮内府では、調印すべき書類の数があまりにも多かったので、「蜜蝋加熱官」という専門の役人を置かねばならなかったほどである。もう一つは蝋板(6)用の蝋としての役目である。また、蜜蝋は、獣油の松明《トーチ》などに比べ、はるかに貴重な照明源でもあった。フィリップ端麗王は、そのかぐわしい香りを独占したいがために、一二九四年、こんな布告まで出している。「高位高官以外のいかなるブルジョワ、近習、聖職者も、蜜蝋のトーチを使ってはならない」。

蝋燭屋の仕事場（『百科全書』より）

王侯貴族の館では、「配膳係《フリュイトリ》」(7)がトーチの準備その他を担当していた。年代記作者のオリヴィエ・ド・ラ・マルシュ〔一四二六―一五〇二〕に言わせれば、「蜜蜂が果物や花から蜜を収穫する以上、蜜蜂の蜜でできた蝋をフリュイトリが扱うのは、ごく自然なことであった」。一二九八年、ルイ聖王の遺骸を移送した際(8)、王家の果物貯蔵所《フリュイティエ》から価格にして二千トゥールリーヴル分の蜜蝋が提供された。

教会用の大蝋燭、一般用蝋燭及びその他すべての蜜蝋製品製造業者の共同体は、「蜜蝋燭商の大将」と呼ばれていた国王付き侍従長の管轄下にあり、親方の地位を手に入れるためには、この人物に金を納めねばならなかった。一二九二年度の人頭税台帳には、蜜蝋製の大蝋燭師十九名及び手燭用小蝋燭師一名、一三〇〇年の台帳には蜜蝋製の大蝋燭師八名及び手燭用小蝋燭師二名の名が記載されている。この頃から、蜜蝋製品の販売は薬物香辛料商が取り扱うようになり、大蝋燭師にまかされていたのは、教会の灯明用蝋燭の製造だけだった。

一三五二年、パリには蜜蝋職人の親方が二十六人いた。彼らは蝋で、国王の肖像画、祈願などのために礼拝堂に納める奉納画、さらには呪い用の人形まで作った。王や君主が死ぬと、人々は、蝋製の胸像を遺骸用寝台の上に四十日間安置した。胸像には彩色がほどこされ、故人の衣装が着せられた。この風習は、十七世紀になってもまだ続いていた。

　蜜蝋商は薬物香辛料商の共同体に属していた。ところが、一四二八年、パリ奉行は共同体内の蜜蝋商にだけ特別法を課した。それは、大小の蜜蝋燭の質と重量と価格を規定するものだった。

　現在一般に使われている「蝋燭《ブジー》[9]」という言葉は、十四世紀以前の文献には見当たらない。その後人々は、教会の入り口で売っている奉納用の蝋燭を「一ドゥニエ蝋燭《ブジー》」、宮殿内で国王の前にかかげているのを「守衛の蝋燭《ブジー》」と呼ぶようになる。守衛の蝋燭は、四角くて上が細く下が太くなっていた。復活祭用の大蝋燭は「蜜蝋の樹」と呼ばれていた。

　一三五七年に起きた有名な大蝋燭の話をせずに、この項を終えるわけにはいかない。当時、ジャン善王[10]はイギリスに捕らわれの身となっていた。パリ市民は飢饉にあえぎ、国内は無政府状態。いつまた敵の侵略にあうやもしれぬありさまだった。天の怒りを鎮めるため、蜜蝋燭を奉納しようということになり、この案は各区議会で採択された。直径三、四ミリ、長さ「パリ市一周分」――すなわち五千七百五十メートル――の蝋燭で、蜜蝋百三リーヴルを必要とした。司祭らが見張り役をおおせつかった。回転式のドラム型ウィンチ状のものに巻き取られた蝋燭の火が、「いつもあかあかと燃えているよう」監視するのが、彼らの使命だった。

炭焼き

石炭が使用されるようになったのは、比較的最近のことである。何世紀もの間、もっぱら木炭が産業用燃料として用いられていた。その間、森に住み、木炭を製造していたのが炭焼きである。彼らは、当時の社会で独自の地位を占めていた。

炭焼きは四、五人でグループを作り、ノルマンディー地方の森林地帯で、カシやブナの薪の束を何コルド〔一コルド＝約四立方メートル〕かまとめ買いし、これを焼いた。まず、薪の束を独特の技法で丸く積み上げ、これをフダン草で覆う。できあがったいくつもの円錐形のカマド状の薪の山を、真っ赤に起こし、焼くのである。彼らは、仲間同士で、煙の立つ薪の山を交替で見張った。家族を炭焼き場に連れて行くことはめったになかった。温度の調節に細心の注意が要ったので、四六時中カマドのそばに釘付けだったため、住まいらしいものもなかったからである。あるのは、森林の伐採の時などに手に入れた、木の枝の原始的な小屋だけだった。

フォレ地方〔中央山地北東麓《マッシフ・サントラル》〕の炭焼きが、森に入って真っ先に取り掛かるのは、仮小屋を建てることだった。彼らはそこで、何ヵ月も暮らした。山を降りる時、小屋は解体された。小屋の内壁はブナの枝でできていて隙間には枯れ葉や苔がびっしり詰めてあった。屋内の上方に、シダを敷き詰めた一枚のスノコが水平に固定されており、これがベッドとして使われた。平らな石の上に設置されたカマドに点火されると、木の枝で編んだ可動式のパネルが、扉と煙突の二役《ふた》を果たした——

夜はこの上で仮眠することもできた。彼らの仕事は夜明けとともに始まる。まず、丸太薪をノコギリで引き、これを一本の竿のまわりに左右対象に組み立ててゆく。この時、ガスが抜けやすいよう、隙間を作りながら組み立てねばならない。こうして準備された薪の山を、湿った土や芝生で覆い、厳かに点火する。焼き上がった木炭が乾燥し、「ピチピチ音を立て始めたら」、粗末な袋に詰め込んで雌ラバの背に乗せる。やがて、男とラバは、とことこと町へ降りて行くのだった。

地方によっては、分業制がとられていた。「持ち上げ人夫」が薪に縄を掛け、これを「組み立て人夫」が積み上げる。積み上げた薪の山は窯と呼ばれていた。炭焼きはこの窯を、葉の付いた小枝と土で覆い、人夫らにより準備された火縄に点火する。炭焼

ロレーヌの森で仕事に励む炭焼き

きは、燃え盛る火の周辺を絶えず監視していた。炭化させるためには、燃焼性の素材と空気との接触を絶対に避ける必要があったからである。

炭焼き組合にはさまざまな特権が与えられていた。そのうちの一つに、祝賀団の派遣というのがあった。王子の誕生もしくは結婚の際、慶祝特別使節団を派遣することが許されていたのである。また、炭焼き組合と魚屋組合には、一銭も払わず貴賓席で観劇するという破格の名誉も与えられていた。無料公演の日ともなると、炭焼きたちは、ダイヤで飾り立てた、柄の悪い「魚屋のかみさん」連中と貴賓席を分け合った。

親方衆は、炭を運ぶ日雇い人夫を、「シャベル小僧」とか「羽根飾り《プリュメ》」と呼んでいた。アブラアム・ボス〔一六〇二―七六〕の版画を見ると、ルイ十三世〔在位一六一〇―四三〕統治下時代、炭焼きの下働きが実際に頭に羽根を付けていたことがわかる。燃え盛る炭火のようにぎらついた目や、髭ぼうぼうの真っ黒けな顔は何とも悪魔的で、粗野で荒々しい日常の言動までうかがえるような気がする。当時の母親らが、彼らを、子供を諌めるときの口実にした気持ちもわからなくはない。

オート＝ブルターニュ地方の人々は、バス＝ブルターニュの森からやって来る炭焼きを、ひどく恐れていた。とりわけ女の炭焼きを。彼女らは、ランド産の小馬を何頭も従え、パイプをくゆらせながらやって来た。馬の背では、炭の詰まった袋が揺れていた。

【訳注】

(1) 腹心の役：古典劇で、主要人物の話の聞き役。

(2) ドミニカ島：西インド諸島東部の島。十五世紀末、コロンブスにより発見。その後イギリスとフランスが領有を巡り抗争。一八〇五年イギリスに帰属。一九七八年独立。現ドミニカ連邦。

(3) 皮革・薫製業を営んでいたフランス人：十六世紀後半、ヨーロッパ海域では、交戦相手国の船を略奪しても良いという国王の私掠許可を盾に取った、海賊行為の応酬が公然と行われていた。十七世紀初頭、ヨーロッパ諸国に平和が訪れると、私掠航海のうまみを忘れられない連中が、アメリカ水域へ移動。カリブ海一帯にはスペインの領土が多かったため、スペイン船が英仏、オランダの私掠船の餌食となった。が、やがてカリブ海でも私掠船が認められなくなり、職を失った船員や軍人がそのまま西インド諸島に住み着きブカニエになった。彼らは有事の際にはただちに海賊に逆戻りし、カリブ海を荒らし回った。第11章〈海賊と私掠船の船長〉参照。

(4) マトロ：フランス語で「水夫」の意。語源は中世オランダ語の matte（寝床）＋ noot（仲間）。水夫は二人が交替で一つのハンモックに寝ていたことに由来する。

(5) ウムラン、アレクサンドル＝オリヴィエ：十七世紀の旅行家、歴史家。フランドル出身だと言い伝えられている。西インド会社に雇われ一六六六年トルチュ島着。フリビュスティエに関する貴重な記録を残した。『…西インド諸島の冒険者たち *Histoire des aventuriers…dans les Indes…*』（一六八六年出版）。

(6) 蝋板：当時の人々は、板の上に蝋を塗り、その表面に文字を刻んでいた。

（7）配膳係：フリュイトリの本来の職務は果物（フリュイ）の購入及び配膳の任に当たることだったが、やがて蝋や蝋燭の在庫管理も行うようになった。

（8）ルイ聖王の遺骸を移送：この年、フィリップ端麗王が法王の許しを得、サン＝ドニの大聖堂に納骨されていたルイ聖王の遺骨の一部をパリのサント＝シャペルに移送させた。

（9）蠟燭《ブジー》：蜜蝋か酸性ステアリンでできた蝋燭。中世に蝋燭の蝋を大量に輸出したアルジェリアの町ブジーにちなんで生まれた言葉。

（10）ジャン善王（一三一九―六四）：ジャン二世、フランス国王（在位一三五〇―六四）。ポアティエの戦い（一三五六）で英国軍に捕らわれ、一時釈放されるが、再投獄されロンドンの獄中で死亡。

7 戦争

鎖帷子《くさりかたびら》と兜

かつて、軍需産業は二つの職業を生み出した。攻撃用武器の生産にたずさわる職人と、体を保護する防具の生産にたずさわる職人である。兵士の衣服が一貫して鉄製だった中世には、防具職人が隆盛をきわめた。十六世紀になると、鎧兜は華美な儀式用品となり、ルネサンス以後は壁の花になった。

十三世紀、鎧職人は「長い鎖帷子《オーベール》」を、兜職人は兜を作っていた。ルイ聖王治下のパリ奉行によれば、彼らは、見張りや税金を免除された大領主らの御用職人であった。十四世紀末、鎧兜職人の看板を出すためには、鎧職人の親方として認可を受け、国王に四十スー、サン＝ジョルジュの仲間組合に二十スー支払わねばならなかった。

最も品質が良いのは、ロンバルディア〔ミラノを中心とするイタリア北部地方〕で製造された帷子だった。ドイツ製のは二流品とみなされていた。組合員の中には、ドイツ製の帷子をロンバルディア製だと偽って売る者もいた。外国産の製品にパリの帷子師の名前を記した偽物まであった。

このため組合の規約が見直され、製品に対しより厳しい検査が課されることになる。「短い鎖帷子《オーベルジョン》」、鎖、留め金、吊り鉤は、いずれも「巻いてあるか、ラッカー仕上げか、薄緑色に塗装した」針金で作られていなければならなかった。薄緑に塗装すると、針金は一段と輝いて見えた。帷子職人は使用する銅や鉄を自分で伸ばし、注文に応じて、鎖の目の大きさを調整した。

16世紀の鎧兜製造所（J. ストラダヌス、1523–1605）

サンドリクールの馬上試合（1493年）

「オーベール」と並んで登場した、「ブリガンディーヌ」または「ジャック」と呼ばれる、丈の短い騎士用の鎖帷子は、実際に弓や弩《おおゆみ》を使って品質検査が行われた。シャルル七世〔在位一四二二―六一〕およびルイ十一世〔在位一四六一―八三〕により組織されたフランス義勇軍では、これが正規の戦闘服として用いられた。

募兵官

フランス革命まで、兵員は任意雇用契約によってのみ補充されており、「募兵官」が、適当に男たちを掻き集めては軍に供給していた。人選も募兵方法もいいかげんなものだった。社会的落伍者でも、ルンペンや囚人、前科者でも一切お構いなしだった。というのも、兵員の頭数を常時完全に揃えておくことが、軍の中隊長に義務付けられていたからである。募兵権を持ち、集めた兵を指揮するのが中隊長の役目だったが、員数を満たせない者に対しては、「免職もしくは降格」もあり得た。このため、中隊長の親類縁者、教区の主任司祭、友人らが、人集めに奔走し、嫌がる者を兵役に付かせようと手だてを尽くした。しかし、兵集めに関しては、募兵官の方がはるかに腕が良かった。彼らは手段を選ばなかったからである。狙いを定めると、女好きには衛兵所おかかえの女をエサに釣り、酒好きには、自分らが経営する酒場で、浴びるほど飲ませた。それで駄目なら、脅迫、暴力、陰謀もいとわなかった。一六九二年、ついに国王自身が、こうした強引なやり方に抗議したほどである。

方々の壁に張り出されていた志願兵募集のポスターは、お粗末な挿絵入りの、甘い言葉を連ねたものが多かった。

> 王の名において
> 来たれ、輝かしき若者らよ、我が隊に。勝利の道を歩みつつ、栄誉を得給え。諸君は本隊において軍人という高貴な職業のいかに素晴らしきかを知るであろう。ペルシュ連隊のアブラアム曹長、もしくはディヴェルティサン伍長に、心おきなく照会されたい。同官らが好条件で諸君と契約を結ぶであろう。
> 同官らに優秀なる人材を世話した者には多大なる報酬が与えられるであろう。

志願兵募集のポスター（18世紀）

同官らは、マコン街の旅籠屋の主、ゴンタル氏方に投宿中であるが、昼間は、ポン＝サンミッシェル広場のカフェ〈ドーファン〉に待機しているので、同所までおもむかれたし。

この人狩りは、パリでは主にドーフィヌ広場、グレーヴ広場、サンミッシェル橋、ポン＝ヌフ、フェライユ河岸で行われていた。しかし、苦情が殺到したので、政府は、この強盗まがいの手口を廃止することにした。

セバスチャン・メルシエによると、募兵官の中には首かせの刑に処せられた者もいるが、その実績が認められて士官にまで出世した者もいたという。

外人傭兵

かつて男は、兵士になるためにこの世に生をうけていたと考えるべきである。古来何世紀にも渡り、どこの国の軍隊も金で兵力を掻き集めていた。無数の男たちが、金のために入隊し、戦場へとおもむいた。兵員数が手薄だった古代世界では、クレタ島やバレアレス島などの貧しい島が、最大規模の雇用兵団を供給していた。紀元前五世紀には、イオニアのギリシャ人がペルシャ軍に雇われていたが、「一万人の退却」[1]が可能だったほど、その数はおびただしいものだった。紀元前三世紀、カルタゴは、四万人の外人傭兵の反乱で滅亡の危機に瀕し、傭兵らを虐殺せざるを得なかった。ローマは、異邦人《バルバロイ》〔フン族〕から自国を守るため「異邦人《バルバロイ》武装集団〔西ゴート族、ブルグンド族等々〕」

仏軍の制服を着たスイス兵（18世紀）

コンドッティエリ

を傭兵として召集した〔カタラウヌムの戦い。四五一年〕。

領土内での兵力の確保が思うにまかせなかった中世の君主らは、有事に際しては、短期的に傭兵を募った。合戦後部隊が解散すると、傭兵は盗賊になった。百年戦争後、各国がかかえていた傭兵の残党がヨーロッパ中を荒し回った。しかし、イタリアは例外だった。勇敢な「傭兵隊長《コンドッティエリ》」を何人もかかえていたからである。荒くれ者の部下を統率するすべを心得たこれらの猛者は、やがて強大な権力を持つようになり、公国を築く者まで現れた。

十五世紀から十七世紀にかけて、フランスがかかえていたのはドイツ人傭兵団だけではない。戦場には、スコットランドのバグパイプの音も鳴り響いていた。スチュアート朝[2]の諸公がヨーロッパ大陸に軍隊を供給していたからである。平和国家として名高いスイスの国民も、絶えず他国の旗のもとで戦っていた。スイス衛兵隊は、シャルル八世〔在位一四八三―九八〕の時代から十九世紀までフランス国王軍に属していた。一五〇六年創設のスイス人によるローマ法王護衛隊は、今も存続している。

駐屯地で少しでもましな食べ物を確保するにはどうするか？　歩兵らはもっぱら略奪に頼った。上官らは武器を質草にして金を捻出した。

ヨーロッパ各国はいずれも、その歴史上において外国人の英雄を指導者としてあおいだ時期があった。スウェーデンは、ブランデンブルク市民だったジャン＝クリストフ・ケーニグマルク(3)の像を立て、スペインは大コンデを諸手を挙げて迎え入れた。サヴォワのオイゲン公(4)は、ルイ十四世を敵に回してドイツ皇帝軍を指揮した。フランスは、ザックス元帥(5)を擁するという幸運に恵まれた。

フランス国王に仕えたザックス元帥
(Q.ド・ラ・トゥール、1704―88)

フォントノワ、ロクー、ローフェルの戦いの勝利者であるザックス元帥が、その報酬として得たものは？　年金、宮廷における諸特権、アルザス統治、フランドル地方における最高指揮権、軍人の最高位を示す元帥杖、シャンボール(6)の主権、要塞守備隊、敵から奪った数々の大砲と旗、鼓笛隊の栄誉礼及び国王主催の公式晩餐会、傍系皇族の尊称である殿下の称号……。ルイ十五世は、自らの盾となって戦った、ザックスの望むものすべてを与えた。

祖国という観念が希薄で、人種や宗教ほどには国家が重視されていなかった時代には、将軍が自らの兵士を引き連れて、他国の戦場から戦場へと渡り歩くのは当たり前のことのようにみなされていた。が、異教徒〔キリスト教徒から見て〕と行をともにすることはさすがになかった。ところが、ボンヌヴァル伯[7]は副将軍としてトルコ軍に従軍した。彼が頭にターバンを巻き、「カラマニアの総督《パシャ・ド・カラマニ》」と名乗ってトルコ軍を指揮した時には、全キリスト教徒が非難の声を上げた。

カサノヴァの『回想録』に、ボンヌヴァルとの出会いのくだりがある。キリスト教からイスラム教に改宗したボンヌヴァルは男前だった。しかし、受けた刀傷のせいで下腹部にはいつも銀の板をあて、包帯を巻いていなければならなかった。改宗するに当たって、彼が出した要望のうち唯一認められたのは、割礼の免除であった。その年齢にかんがみ、ムフティー[8]も、これだけは見逃してくれた。

「わしがターバンを巻いておるのは、兵士が雇い主の制服を着ているようなもの。イスラム軍のために戦っている以上、これは当然の義務だからの。福音書と同様コーランについても良くはわからんが、戦《いくさ》稼業には精通しておった。で、財源が底をついた折、トルコ大帝の副将軍になろうと決意したのじゃ。背に腹は変えられぬ、というわけでの」、とボンヌヴァル伯はカサノヴァに語っている。

ボンヌヴァル伯爵は、戦「稼業」という言葉を使っている。これは明らかに、賃金を暗示する言葉である。

糧秣《りょうまつ》供給人・女性従軍商人・仕出し女

戦争に便乗者は付き物である。最も厚かましいのが、糧秣供給人と呼ばれる、軍隊に食料の供給を委託されていた軍需商人だ。もっとも、軍需商人の方が雇い主に不当搾取されることも少なくなかった。名うての軍需商人ウヴラール(9)は、あざとい取り引きでせしめた金を、ナポレオン皇国につぎこんでいた。

このような巨万の富を操る大立者とともに、戦場を生活の場にしていた無数の庶民も姿を消した。もちろん、その中には、連隊に付きまとう娼婦や軍に見世物を請け負う興業師、旅回りの道化師らもいた。タキトゥス〔五五頃―一二〇頃〕によれば、すでに古代ローマの頃から、女が軍団に従い、戦士に最大級の奉仕をしていたという。フランソワ一世〔在位一五一五―四七〕の墓の浮き彫り彫刻には、食料や瓶《かめ》、洗濯物を運ぶ女性運搬人を従えた行軍風景が描かれている。ルイ十四世治下では、「仕出し女兼洗濯女」の雇用が規制され、過剰人員はすべて、一リューにつき五スーの手当を受け取ったあと、帰宅することを義務付けられた。一七七三年にジョベール神父が編纂した『職業技術事典』では、この職業は次のように定義されている。「各連隊には、葡萄酒商人もしくは仕出し屋の肩書きで軍団に従う者が、一名ないし数名いた。軍人が飲み食いするのは、おおむねこうした従軍商人の幕舎、駐留している場合は商人らに与えられている兵舎である。軍隊に付いて回る行商人の中には、仕出し女と呼ばれる女がおり、彼女らは、アイロンかけ、洗濯、繕い物……なども

騎兵戦に備え密集戦闘隊形を整える軍隊（帝政時代）。前景右に、仕出し女

行っている」。

革命が勃発し、祖国に危急存亡の時が訪れると、多くの女性が共和国軍に入隊、もしくは、洗濯女兼仕出し女として参加した。しかしこれは失策だった。彼女たちは行軍の妨げになったからである。

「勝利の組織者」の異名を持つラザール・カルノ(10)は次のように記している。「疫病神が我々の軍隊を破壊する。それは、軍隊にくっ付いて来る女たちの群れである」。一七九三年四月三十日の布告で、軍務に不要なすべての女性が追放された。残ったのは、洗濯女もしくは仕出し女だけである。彼女らは、それぞれ名札を付けることを義務付けられた。モブージュ師団の指令書には、「部隊長は、一大隊につき四名の女性を、洗濯女として任命すること」と明示してあった。こうして、ルイ十四世時代に行われたように、兵士として共和国軍に従軍していたすべての女性、もしくは、軍人と結婚していたすべての女性（たとえそれが高官の妻であろうと）は、一リューにつき五スー支給され、国元に帰された。

革命暦四年〔一七九五〕、サンブル＝ムーズ軍の公安司令官は、洗濯女兼仕出し女に白い楕円形のブリキのバッジを支給した。当時、彼女らにはまだ制服がなかったので、バッジにそれぞれの名前と所属部隊の番号を黒字で明記し、身に付けることを義務付けたのである。

洗濯物を洗ったり飲み物をサービスしたりしながら、仕出し女は、戦場での規律を守り、兵士と同じように野宿をしていた。彼女らは真っ正直でなければならなかった。マレンゴの戦い〔一八〇〇〕のあと、ちょっとした気の迷いから盗品の銀器を買ったため、髪を刈られ、素っ裸でロバにまたがり練隊の前を行進させられたあげく、追放された者もいる。

このような厳しい制裁をこうむる者は、ごくわずかだった。むしろ彼女たちは勇敢で、ことあるごとに銃を取って戦い、戦場で病人を助けたり、怪我人の世話をしたりしていた。後世にまで勇名を轟かせた者もいる。武勲の誉れ高いカトリーヌおばさん、射撃がうまかったマリー・ドーランヌ、ライプチヒの戦いをは

傭兵と仕出し女（ペーター・フレトナーの木版画）

アルジェリア歩兵隊の仕出し女（第二帝政時代）

じめドレスデン、ワグラム、オーステルリッツの戦いに参加したマリー・フェテー、スペイン遠征中に二度負傷したフロマジョおばさん、仕出し女の最古参テレーズ・ジュールダン、そしてあの有名な「石頭」のマリー。

彼女らの服装もなかなか堂に入っていた。みな、前を飾り紐でループ留めにした、オーストリア軽騎兵のチュニックを着ていた。これなら戦死者の遺体からわけなく手に入れられたからである。一八五四年の布告により、「軍団の洗濯女に関する新法」が定められ、「女性従軍商人」という役職名を得た彼女らは制服をもらった。といっても、おのおの自分で縫ったのである。アルジェリアの騎兵服に似た手製の制服を身にまとい、サーベルと蒸留酒《オー・ド・ヴィー》の小樽をたずさえて、彼女らは戦場におもむいた。

【訳注】

（1）一万人の退却：クナクサの会戦の際、一万人のギリシャ傭兵が敗走した（前四〇一）。

（2）スチュアート朝：中世末期、スコットランドに源を発する王朝。後にイングランドも治めるようになるが、一七一四年に断絶。ハノーバー朝にかわる。

（3）ジャン＝クリストフ・ケーニグマルク（一六〇〇―六三）：ブランデンブルク出身のスウェーデン軍の将軍。スウェーデン国王グスタフ・アドルフに仕え、三十年戦争その他で武功を立てた。のちに元帥となる。

（4）オイゲン公（一六六三―一七三六）：フランス出身のオーストリアの将軍。対トルコ戦争、スペイン継承戦争などで活躍。

（5）ザックス元帥（一六九六―一七五〇）：ザクセン侯アウグスト二世の私生児。ルイ十五世に仕え、オーストリア継承戦争で武功を立てた。

（6）シャンボール：フランス中部、オルレアン南西地域。シャンボール城（十六世紀建造）は、ルネサンス建築の傑作とされている。

（7）ボンヌヴァル伯（一六七五―一七四七）：フランスの将軍。最初オーストリア軍に入隊、その後トルコ軍に入隊しイスラム教に改宗。

（8）ムフティー：イスラム法の解釈や適用に関して意見を述べる資格を認められた法学の権威者。

（9）ウヴラール、ガブリエル＝ジュリアン（一七七〇―一八四六）：フランスの実業家。フランス革命初期に紙相場で大儲けをし、これを元手に一八二〇年代まで軍需商人として欧州に暗躍。度重なる遠征で財政の逼迫していたナポレオン政府に軍資金を貸し付け巨万の富を築いたが、「巻き上げられた」額も厖大だった。

（10）ラザール・カルノ（一七五三―一八二三）：フランスの軍事技術家、政治家。近代的軍隊を編成し「勝利の組織者」と呼ばれ、国民会議議長となる。微積分学、幾何学の研究も行った。

8 行商人

担ぎ屋

「何も製造しないが、何でも売る」のが、小間物商である。彼らは、昔の法律制度のもとでは、パリ市にある六つの商人集団中第三番目に位置していた。しかし、その勢力、財力、員数の多さにおいて一頭地を抜いており、事実上のトップグループとみなされていた。一方、同じ小間物商でも、彼らのように品揃えの良い店を目抜き通りに構え、一流貴族を相手に（宮廷がパリを離れてしまうと、店は閑古鳥が鳴くと彼らはこぼしていた）羽振りの良い商いをする者とは別に、「担ぎ屋」と呼ばれる一群が底辺にいた。担ぎ屋は、商品を背負うか、前に吊るした箱に入れてかかえるかして、地方を行商していた。

小間物、櫛、包丁、針などが詰まった大荷物を運ぶ、彼ら「小間物屋軍団」は、商取り引きの分野だけでなく、公共生活の面でも重要な役割を演じていた。遠隔地で販売する商品を仕入れに大都市を訪れる際、情報も同時に入手していたからである。アンシャン・レジーム末期まで、彼らは禁書や風刺文、禁制の絵画なども売り歩いていた。ヴォルテールの作品のかなりの部分は、彼らにより頒布されたと言われている。

重要とは言っても、小間物屋軍団のになう役目の重さは、商品をぎゅうぎゅう詰めにしたその籠もしくは箱の大きさに比例する、というのが当時の一般的評価だった。「小商人《こあきんど》に小籠」という諺が生まれたゆえんである。以来四世紀に渡り、この言葉は「分相応」の意味で愛用され続けている。

小間物の行商人（N. ボナール）

イギリスの田舎で、小間物の行商人らは「幸福を売る男」と自称していた

強物《こわもの》師と流しの研ぎ屋

かつて「強物師」及び「強物研削工」は、重要な職業とみなされていたらしい。彼らとは別に、「刃物師」がいた。刃物師の仕事の内容は「強物師」とさして変わらなかったが、階級的には低く見られていた。強物師は、主にラシャの刈り込みバサミのような「強物」を製造していた。「強物研削工」は、回転砥石で工具の刃を研ぐのが仕事だった。「刃物師」は主に包丁のたぐいを作っていた。

一四〇七年当時、刃物を「研ぐ」ことは、「強物師」か「刃物師」にしか許されていなかったが、取扱い品に対する規制はなくなり、どちらの親方も、ハサミでも包丁でも好きな方を、鍛え、研ぎ、販売できるようになっていた。そ

子供の巡回研ぎ屋（J. M. グロボン、1770—1853）

の後、強物師は刃物師組合に取り込まれる。この頃になると、彼ら以外にも、刃物を研ぐのを生業とする者が無数に出現しており、「流しの研ぎ屋」と呼ばれていた。ただ、これらの放浪者と、刃物師との間には明確な一線が引かれていた。

刃物師組合の本拠地はパリにあった。しかし、親方らはフランス中の都市に散らばって仕事をしていた。組合には親方代表が三名おり、三年ごとに改選される仕組になっていたのだが、選挙のたびにどの親方もパリまで投票のために戻らねばならないという妙な規定があった。これに違反する者には、銀貨一マールの罰金が科された。遠隔地にいる者は、洗礼者聖ヨハネの祝日〔六月二十四日〕の前に「欠席理由を添えて、票」を郵送した。通信による投票がこんな昔から行われていたのである。

流しの研ぎ屋の中に、「巡回小板研ぎ」と呼ばれる人たちがいた。この名は、足元に付いている、砥石を回転させるための小さな踏み板に由来していた。「端金稼《はしたがね》ぎ」とも呼ばれていたこれらのしがない研ぎ屋たちも、オーグスティーヌ修道院に仲間組合を設立した。車刑で殉教した聖女カタリナが、彼らの守護聖人だった。

木地屋とほうき屋

昔、ノルマンディー地方の帯状林地帯《ボカージュ》では、「木地屋」が村人の使用する木製の食器を旋盤加工していた。彼らは、ドンブリ、お椀、杓子、胡椒入れ、菓子やマール(1)用のへらを作っていた。これらの製品は、ノルマンディー及びその周辺地域で売りさばかれた。ノルマンディー南部のメーヌ州一帯では、自分の作った食器を問屋におろさず、直接小売り販売する者もいた。彼らは、手製の木工品を柳の背負い籠にピラミッド状に積み上げ、ものうげな声で売り歩いた。「きーじやー！　きーじやーだよー！　ほい！　ほい！」。その単調な節を真似ながら、大はしゃぎの子供らがあとをぞろぞろ付いて歩く。サルトでは、籠を編んだり洗濯バサミを作ったりするのが年老いた木地屋の仕事だった。洗濯バサミといっても、指よりちょっと太めで十三センチほどの長さの樫の小枝に、V字形に切れ目を入れただけの雑なもので、この地方ではこれを「ジュエット」と呼んでいた。ジュエット百個で、一フランだった。町に売りに行く時は、リボンがわりに巻いた帽子の細紐に、ジュエットを冠状にぐるりと留めた。「洗濯バサミー！　洗濯バサミー！」と、山羊のように震える声で叫びながら、彼らは行商して回った。

　ノルマンディー地方の「ほうき屋」は、夜が明けると荒れ地に出かけた。ほうきの材料にするヒースの束を引っこ抜きに行くのであ

「ホーキー、エ、ホーキ！」

る。彼らは、手製のほうきを近隣村落の主婦に戸別販売していた。余剰品は町まで売りに行った。パリにもほうきの行商人が来た。「ホーキー、エ、ホーキ！　きれいな、ホーキだよ！」。ボタン穴に羽根ぼうき一式をぶら下げ、両肩に大きいのを何本か担いでいるのもいた。「ホーキはーいらんかねー？」

古着屋

我々の祖先は、着るものが欲しいと思っても仕立て代が捻出できなければ、古着屋に頼るほかなかった。「既製服《プレタポルテ》」は古着屋にしかなかったからである。

パリ奉行が、古着屋に関する規約を最初に定めたのは一二六八年のことである。当時、古着商は、店舗経営者、行商人、露天商の三階級に分けられていた。まがりなりにも店舗を構えている者が、この職業集団随一のエリートだった。行商人は店舗を持たず、古い衣服を方々に売り歩いていた。露天商人は、使い古しの家庭用リネン〔シーツ、テーブルクロス〕や下着類を、イノサン墓地の周辺に並べて売っていた（彼らはその後、フィリップ勇胆公〔一三四二―一四〇四〕により、ここから立ち退かされることになる。市場を建設するためだった）。

古着屋を営業する際の許認可権は、組合の親方が握っていた。王家の財物管理官からその権利をゆだねられていた親方は、これを「ある者には高く、ある者には安く、適当に見積もって」売っていた。親方の第一の職務は、志望者の道徳意識を確証することにあった。身元調査の結果が良か

19世紀の古着屋の店頭。「プレタポルテ」のキュロットを試着

った者あるいは金を沢山積んだ者には、宣誓を許した。泥棒、「売春宿や大衆酒場に出入りする」いかがわしい人物、ハンセン病患者、及びその他のいかなる者からも、出所不明の濡れた物もしくは血液の付着する物、教会の装飾品は購入しないと、少なくとも形式上、誓約すれば営業権が得られた。これに違反する者はすべて、「改めて権利を買い直すまで」失業した。さほど厳しい罰則ではなかったことがわかる。

古着屋には夜警が強制的に義務付けられていた。それを履行できない時は、妻が、美人であろうとなかろうと、夫の義務免除の理由を申し入れるため、シャトレ(2)に出頭しなければならなかった。若妻らがどんな危険にさらされるかは、誰の目にも明らかだった(3)。

呼び売りしながら町を回っている行商人らは、学生が金に困っているのを良く知っていた。そこで、サン＝セヴランに学生専用の小さな市場を開設。夕方の六時から日没までそこに集合し、店を開いた。ところが、店舗経営者らがこれに反発、市場の排除を申請した。

一六六五年、古着商に関する規約が見直され、布地だけでなく、あらゆる素材の中古品まで手広く商えるようになった。レース、縁飾り、タピスリー、毛皮、帽子、刀剣等々。そのかわり、全購入品の綿密な記録が義務付けられ、取得品はすべてその売主の名を記載しなければならなかった。彼らは、十リーヴル以下の価格のものに限り、新品の衣服を製造する権利も持っていた。

シャトレ（ルイ13世時代）

古着屋のほとんどが、ユダヤ人もしくはユダヤ人とおぼしき人たちだった。値段をふっかける、要求額の四分の一も払えば充分なくらいあこぎな商売をしている、というのが彼らに対するもっぱらの評判だった。彼らはのべつ隠匿罪で告発されていたし、刑死者の遺品を執行人から買い取っているらしいと取り沙汰されていた。

しかし、古着商は市民代表一名、親方代表四名により管理されており、三位一体修道会とサン＝

クロワ修道会の後援を得ていた。しかも、サン＝ロックに仲間組合を結成していた。このことからも、全部が全部ユダヤ人だったわけではないのは明らかである(4)。

彼らの市場は長い間サン＝ドニ街にあった。一三七〇年、これはパリ中央市場に移転させられた。一六五七年、あるオランダ人旅行者が記している。「三月一日、我々は中央市場の近くで古着市を見物した。そこは巨大な石の列柱に支えられた広い回廊で、ありとあらゆるボロを売る屋台が軒を並べていた。戦闘用のコートだ、ジュストコールだ……と、際限なくまくしたてる彼らの大声にはいいかげんうんざりした。商品の量たるや厖大なものだが、この道にうとい者が買うのは危険だ。だまされる恐れがあるからね……」。

ごまかしにかけては、彼らは天才的だった。巧みに汚れをこそげ落とし、使いものにならないものでも適当につくろった。それに、どの屋台も薄暗かったので、染みが付いているかどうかさえ見分けがつかなかった。黒い服を買ったつもりが、家に帰って見てみたら緑や紫なんてこともざらだった。

染み抜き屋

中世の街路は、胸の悪くなるような汚泥にまみれていた。その成分については深く追求しない方が良いだろう。中でもパリのぬかるみは、ルーアンの梅毒と並び称されるくらい悪名高かった。しかも、当時の人々は手づかみでものを食べていたから、食べ物の汁が服に垂れた。そんなわけで、

路上の染み抜き屋（1820年頃のパリ）（J. マイエによるリトグラフ）

「フラー土」の行商は繁盛した。フラー土とは、古代から用いられていた脱脂用の酸性白土である。「染み抜き用の土だよー！」。

そんな行商人の中に、「マル＝タシュ売り」のニックネームで知られる男がいた。十六、七世紀頃、何人かの作家がこの男について記している。クロード・ブロセット〔一六七一―一七四三〕は、「頑固な染み《マル＝タシュ》」という言葉の意味を解明するのに頭を悩ませた末、「染みを取り除く」古着屋や染み抜き屋をこう呼んだのだと結論付けた。ヴィオレ＝ル＝デュク〔一七八一―一八五七〕の説明は、より信憑性がある。「マル＝タシュとは、古着屋のマルタンが発明した、染《タシュ》み抜き用の石（固形薬剤）もしくは油汚れを落とすための石鹸で、前世紀にはその類似品が公共広場で売られていた」。

結局のところ、マル＝タシュは石でも石

鹸でもなかった。公文書館に所蔵されている十六世紀の版画の中に、「マル＝タシュ売り」が描かれており、この男が右手にかかえているのは、ずんぐりしたビンだからである。左手には染みを布地から叩き出すためとおぼしき棒を持っている。

巡回染み抜き屋の仕事は、その後も長く引き継がれた。十九世紀になっても、街頭で衣服の手入れをする彼らの姿が見られたことは、多くの資料が示している。

「マルタシュー！」

床屋

ルネサンス時代の床屋は、村に入るとラッパを吹いた。すると、髭を剃ってもらいたい男たちが三々五々集まって来る。似たような風習はヨーロッパの至る所にあり、とりわけスペインでは盛んだった。さまざまな冒険小説の中に、哲学者のように従容として国中を渡り歩く床屋が描かれている。フィガロのように、「おのが惨めさを笑い、すべての者に髭をほどこしながら」。

十八世紀頃の床屋の勘定は、現物払いが多かった。髭剃り一回につき卵三個、二回でチーズ一個という具合である。フランス革命前は、多数のフランス版フィガロが外国に出稼ぎに行った。メ

アンリ4世時代の野外の床屋（J. ル・クレルク、16世紀後半）

ルシエは次のように記している。「喧嘩っぱやく、嘘付きで、厚かましく、自堕落な床屋の群れが、剃刀をポケットに、ヨーロッパ中を遊牧民のように放浪していた。ほとんどがプロヴァンスかガスコーニュの出身者だった」。

床屋の見習いが、まず最初に教わるのは、客のほおとあごにシャボンを付けることだった。そのあと、主人か正規の資格をとった職人が髭を剃る。剃刀の扱い方を一通り覚えると、見習いは貧しい人々の髭を「無料」で剃った。少々皮膚を傷付けはしたが、タダということでこれは帳消しになった。

鋳物師・錫引工・るつぼ師

十六世紀初頭、鋳物師はいくつかのカテゴリーに分けられていた。細工物の荒削りをするのが「荒ごと師」、荒ごと師が削ったものの仕上げをするのが「平磨工」、その他にも「楽器製造工」や「呼び子の鋳かけ屋」などがいた。「呼び子の鋳かけ屋」は、古びた呼び子を吹き鳴らしながら田舎を回っていた。それを聞き付けて、人々が家庭内の修理品や下取り用の古い銅製品を持って集まって来る。『ノルマンディー帯状林地帯概説』（一八八三）の著者ジュール・ルクールによると、鋳物職人を最も多く輩出したのは、オーヴェルニュ地方及びノルマンディーの帯状林地帯だった。腕の良い鋳物師をはじめ、スプーンの鋳造工、錫引工、食器修繕工、フイゴ師らが、これらの地方から、フランス中に送り出された。

　この中であまり重きを置かれていなかったのが、鍋の錫引工兼鉛や

ルイ14世時代の鋳かけ屋

フイゴの修理屋

錫のスプーンの鋳造工、つまり安物の鍋や食器の鋳かけ屋だった。彼らは、妻子、両親らとともに、小犬や雌山羊を従えて、ボヘミアンな旅暮らしをしていた。行くさきざきで、たいていは役所か司祭館、教会などの前にもうけられた自分らの施設で寝泊まりしたが、野宿をすることもまれではなかった。古いフイゴを修繕したり、新品と交換するのも彼らの仕事だった。

「るつぼ師」は、鋳かけ屋の中でも最も零細な商いをしていた。彼らも村から村へと渡り歩いては、柱時計の振り子や秤りの錘《おもり》、鉄柵の桟、「狩猟用の弾丸」を、客の目の前で鋳かけていた。工具は、粘土が詰まった片手鍋と携帯用コンロ各一個という手軽なものだった。鍋はるつぼがわり、コンロは「火やぐら」の代用品だった。風は二つの小さなフイゴから手動でコンロに送られた。フイゴの吹きだし口はコンロの送風口に接続されていた。

陶磁器の修繕屋

彼らの呼び声がフランス中の町に響き渡っていたのは、さほど昔のことではない。作業中の椅子がわりにもなる、木の道具箱を持って町を巡回していた、彼らしがない職人を、記憶している人もまだ少なからずいる。

陶器を鉄の針金で接合して修繕する方法は、十八世紀初頭頃、モンジョワ（バス＝ノルマンディー地方）出身のデリルなる人物により発明されたとされている。が、これが原因で一騒動持ち上がった。陶器の修繕は売り上げの低下につながる、と製造業者らが強く抗議したのである。これに対し、市民は修繕屋側の肩を持ち、自分らにとっては修繕してもらった方が助かると主張。裁判となった。結局、修繕屋に味方した市民の声が受け入れられ、製造業者側の言い分は却下された。

磁器は、白鉛と卵白を混ぜたパテで修繕されていた。しかし、強力接着剤の出現とともに、このつましい職業は壊滅的な打撃を受け、立ちゆかなくなった。

水脈占い師

ある現代作家によると、水脈占い師用占卜杖《せんぼくじょう》の発祥の地は、北ドイツのハルツ山地らしい。水脈占い師の道具になるまで、この杖は鉱石の探索に用いられていた。ウィリアム・プライス(5)によると、

「予言の小枝」を最初に発明した人物は、ペテン師とみなされ、ゲルマニア王国[6]で絞首刑になったという。アグリコーラ[7]は、「魔法使いが金属探索に魔法の杖を用いていたのは、その経験的知識に基づいてのことだった」と記している。

一九二六年、ボンベイ市が公認の水脈占い師を一人指名したのを始めとして、イギリス、フランス、アメリカなどでは、今でも井戸の掘削に先駆けて、こうした昔ながらのインチキくさい手段が試みられている。ドイツでも「水脈占い師」の需要が非常に高い。彼らは、木の枝ではなく鋼かアルミニウムの棒を使って占うのだが、その成果が科学者たちの注目を浴びることもままある。とはいえ、電磁気が発明された今となっては、中世の先割れ棒は、やはり姿を消す運命にあるようだ。

麻すき工

山岳地帯で普及していた仕事の中でも最も特殊なのは、やはりビュジェイの麻すき工の仕事である。ちなみに、ビュジェイの郡庁所在地はエイン県〔ローヌ・アルプ地方北部〕のベレーである。毎年、彼らはサルト、ミュルト、オー＝ラン、バ＝ラン方面へと出稼ぎに行った。いずれも、手広く麻の栽培を行っていた地方である。移動は、班長一名と相方二名で構成された、小グループ単位で行われていた。相方は班長のために働き、班長は相方に食事と、それぞれの腕に見あった賃金を保障する義務があった。麻殻を、髪《ペイニエ》をすくように、細かい針金の歯の付いたすき櫛でさばきながら、

麻すき工の仕事場（『百科全書』より）

繊維を抜き出すのが彼らの仕事だった。すき工のおよそ二千名がベレー出身者だったが、最大多数を占めていたのはベレーから少し北寄りのナンチュアの出身者で、その数は四千から五千名に上っていた。農家の使用人のほとんどすべて、時にはブルジョワ家庭の使用人までが、出稼ぎ休暇をあらかじめ雇い主に取り付けていて、この地方ではそれを「櫛《ペイニュ》を予約する」と言い慣わしていた。彼らは九月末か十月始めに故郷を立ち、たいていはクリスマス、遅くても公現祭《エピファニー》(8)までには戻って来た。

出稼ぎを終えたすき工は、帰途、居酒屋で破目を外したり安物の服を買ったりしながらも、稼ぎの三分の二に当たる六十から九十フランを家に持ち帰った。これだけあれば、親から受け継いだ畑を拡大することができた。帰省したからといって、休むどころか、彼らは、オケやフルイなどの曲げ物作りに精を出した。中でも羊の角の付いた美しい四手の熊手は、この地方の特産品だった。

三月末、もう一度麻すきの出稼ぎに行く者もいる。でも、この時期は近県にしか行かないし、不在期間も一ヵ月くらいのものだった。エイン県の民事裁判所長だったトマ・リブー〔一七五五―一八三五〕によると、十九世紀初頭における麻すき工の貯金総額は、四十三万フラン（金貨）に達していたという。

出稼ぎ中、彼らは「ベロ」と呼ばれる隠語を使った。特定の同業者集団が、自分たちにしか通じない言葉を使うのは珍しいことではない。部外者の裏をかくために多くの方言が考え出された。ベロ語では、蒸留酒は「ワラくず《ブラン・ド・パイユ》」だし、牛乳は「粘りもの《コラン》」、火は「赤錆《ルービク》」だった。いずれも精彩に富む響きの良い言葉である。残念ながら、オー＝ビュジェイ地方はおそるべき速さで過疎化してしまい、今ではもうベロ語を話す者は一人もいなくなってしまった。

【訳注】

（1）マール：葡萄の絞り滓で作るブランデー。

（2）シャトレ：昔の城塞を転用した、革命以前のパリの刑事裁判所兼牢獄。現在のシャトレ広場はその跡地。

（3）若妻らが……彼ら市民夜警は、夕方シャトレに集合してから各部所に配属された。この頃（十三世紀）から夜警監督の職権濫用が目立ち始め、市民に無理難題を吹っ掛け問題になっていた。「夜警」については第12章〈職人夜警〉の項参照。

（4）全部が全部ユダヤ人……当時、ユダヤ人は組合を作ることも、組合に入ることも禁じられていた。

（5）ウィリアム・プライス：十八世紀のイギリスの医者、考古学者。生没年不詳。

（6）ゲルマニア王国：東フランク王国。ヴェルダン条約によりフランク王国から三分割されてできた王国（八四三—九一一）。

（7）アグリコーラ、ゲオルギウス（一四九四—一五五五）：ドイツの鉱山学者、医者。採鉱冶金技術を体系的に論述した『金属について *De re metallica*』を著し、近世以降の科学的冶金学の開祖とされている。

（8）公現祭：旧典礼暦では一月六日。現典礼暦では一月二日〜八日の間の日曜日。東方の三博士がベツレヘムにイエスを訪れたことを記念する日。家庭ではソラマメか陶器の人形を中に隠した菓子を切り、それが当たった者が王または女王になって遊ぶ。

9

民間医療師と刑の執行人

喫湯店《テルモポリー》の主《あるじ》

古代ギリシャ・ローマ人にとり、お湯は何とも美味な飲物であり、非常に優れた健康飲料と考えられていた。「湯は体の疲れを癒し、活力を付ける飲物であり、のどが渇いていない時に飲むべきものだ」、とプルターク〔五〇頃―一二五頃〕は言っている。そんなわけで、ギリシャやイタリアには、葡萄酒を飲ませる普通の飲み屋のほかに、お湯を飲ませる飲み屋があり、「テルモポリー」と呼ばれていた。今日のカフェやティー・サロンの元祖である。

喫湯の風習は社会の全階層に広まっていった。古代ローマの貴族は、没薬《もつやく》やサフランなど芳香の強い植物で香りを付けた湯を、高価な器で飲むことで、虚栄心を満足させていた。これを出すタイミングが難しかった。必ず適温でなければならず、たとえ一度でも低かったら、奴隷は厳罰を受けた。平民は、テルモポリーで出される、粗末な器につがれた、生ぬるい湯で我慢していた。

庶民がテルモポリーにあまり長時間入り浸るようになったため、ローマ警察は、時間の浪費であると、目に余る者を処罰した。おそらくこれは、古代ローマ貴族らによる、非常にエリート主義的な措置だったのではなかろうか。自分らの憩いの場として独占したいがために、下層民を、テルモポリーから排除したのに違いない。こうして庶民は、王示により喫湯を禁じられた。

この奇妙な王示は、クラウディウス一世(1)の時代に発布された。やがて暗殺される運命にあったこの皇帝には、自分と同じように、我が子にも暗殺の危機が迫っていることを予期できなかった。息子ブリタニキュス[2]は、父帝自らが飲用を禁じたこの飲物により毒殺された。ある日、ネロ[3]は義弟にわざと熱湯を供させた。その熱い湯を、召使は、仕来たり通り毒味した。しかしブリタニキュスはこれを突き返し、水を差すよう要求した。召使は言い付けに従った。毒はこの水の中に入っていたのだった。

テルモポリーでは、貴族らに湯だけを提供していたわけではない。プラトウス[4]によれば、すでに紀元前二〇〇年頃には、蜂蜜で甘味を付けた葡萄酒や没薬の香りを付けた葡萄酒、「エーグル・ド・セードル」に似た酸っぱい飲物も提供していたという。「エーグル・ド・セードル」は、十七世紀になってイタリアに再登場し、その後フランスでも大流行した清涼飲料である。

ギリシャ・ローマ人は、ホットドリンク一辺倒だったわけではない。熱湯と氷（飲料水から作った）を一対一の割合で混ぜたものもよく飲んでいた。暑い国では、あまり冷たい飲物は体に悪いが、これなら健康にも良いだろうし、なかなかのアイディアである。

薬草師《アポティケール》

中世、ラテン語の「アポテカ」という言葉が日常語の仲間入りをした。と言っても、まだこの頃は「薬草の保管場所」という程度の意味でしかなかった。一二九〇年当時の資料によると、大修道院や王室直属の薬草師は、珍品や貴重品（いちじく、ナツメヤシの実、アーモンド、米）だけでなく、「製薬糖剤」の保管もまかされていた。製薬糖剤には、古代から伝わる、特殊な処方で調合した薬も含まれていた。初めは単なる毒消し程度にしか考えられていなかった製薬糖剤だが、その後しだいに格上げされ、ミトリダート(5)やテリアカ(6)に匹敵する、特効万能薬の一つとみなされるようになる。薬草の調合ができる修道士の中には、アパメーのデメトリオスやカリストスのアンドレアス、ニカンドロス、ゼピロスといったアレクサンドリア学派の高名な医学博士らの業績に通じる者も、おそらくいたはずである。一方、十二世紀初頭頃からアラブの医療法が導入されるようになり、中東原産の薬品も不可欠となっていた。中国国境周辺からは、大黄根〔下剤、収斂剤〕が輸入されていた。

ヴァリス・オプタナの教会会議（一三三二）では、薬草師は少々うさんくさい存在として定義付けられている。「薬草師とは、貴重な物質の所持者を指す。この者は、その物質の効能に精通しており、いささか魔術師めいたところがある。人が通常恐れを抱くような作業を必要とする時、この者が召喚される」。事実、エドワード一世〔在位一二七二―一三〇七〕の遺体をミイラ化する際、モンペリエ在住のある薬草師がスコットランドに呼び寄せられている。

ルネサンス期の薬草師は、医者の助手であると同時に、薬草屋兼蝋燭屋兼香辛料商兼香水屋だった。が、各職権の限界が非常に曖昧だったので、ことあるごとに訴訟を起こし、権利を保護したり拡大したりしなければならなかった。だからといって、すべての薬草師が、絞首刑の危険をもかえりみずロメオに毒薬を売り、金貨をせしめた、あの落ちぶれ者と同類だったわけではない。ニコラ・レムリー(7)のように優れた人物もいた。レムリーは、近代化学の創始者であるラヴォワジエ〔一七四三―九三〕の先輩の一人である。

その後、薬草師の営業権に関する法規改正の必要性を感じるたびに、歴代の国王は、医者に意見

薬局。看板にサンテスプリのマークが付いている

を求めた。当時は医者が公共の保健衛生に関する唯一の責任者だったからである。が、これが間違いのもとだった。医者たちは、薬草師を下等な仕事をやらせる召使くらいにしか考えていなかったので、彼らに将来の可能性や権利を与える気などさらさらなかった。めっぽう猜疑心が強く、四方を敵に囲まれていると思い込んでいた医者たちは、薬草師を支援するどころか、彼らに理不尽で屈辱的な誓約を押し付けた。

十七世紀まで、医者は薬の処方も自分で行っていた。しかし、アラブ世界からの化学薬品の導入とともに、その作業は複雑になるばかり。あまりの煩わしさにうんざりしたギイ・パタン(8)は、「七面倒くさいことばかり思い付く調理師《キュイジニエ》どもが」と、アラブの化学者を呪った。

そうこうするうちに、後述する理髪外科医と同様、薬草師も変貌を遂げる時が来る。貧しく、無知で、人からはほとんど尊敬されず、素行の悪い連中とみなされていた彼らだが、精進を重ねたおかげで活路が開けた。こうして、薬草師は、薬剤師《ファルマシアン》に昇格したのである。

テリアカ売りとオルヴィエタン売り

薬草を扱っていたのは薬草師だけではない。彼ら以外にも、無数の「薬草売り《エルボリスト》」もしくは「大道薬剤師《エルブ》」がいて、公共の広場や橋の上、定期市などで、言葉巧みに客を引き寄せ、万病に効くという草を売っていた。薬草売りに関する最古の資料は、詩人リュトブフの(9)『草市物語《くさいち》』である。

テリアカ売り（中世ドイツの版画）

効能無類の
薬草を摘む
悪いところに付けたなら
痛みはたちまち消えてなく
なる……

これら秘伝の調合を、彼らは、「サレルノの女医《ミルジエス》」と呼ばれていたトロチューラから伝授された。トロチューラは、サレルノ〔イタリア南部〕の医科大学の医者で、十三世紀当時、「世界中」で最も博識と評判の人物だった。「テリアカ売り」も「オルヴィエタン売り」も絶妙な口上で客を呼んだが、その調子にはどことなく似通ったところがあった。オルヴィエタンは二十七の物質から成る練り薬で、その成分中最も効き目がありそうなのは、古くなったテリアカと「心臓と肝臓の詰まった乾燥マムシ」くらいだったが、当時としては抜群の特効薬だった。モリエールは『恋は医者』の中でその効き目を絶賛している。

大海原を取り囲む、あらゆる国の黄金《こがね》をしても、高貴なるこの薬物《やくもつ》の秘伝の代価になるものか。我が薬物は、たぐいまれなる効能により、一年《ひととせ》を費やしても数え切れぬほど、幾多の病を治してしまう。

この薬は、イタリアはオルヴィエト出身のクリストフォ・コントゥーギという薬売りが流行らせたもので、男は初めこれをオルヴィエターノと呼んでいたが、その後オルヴィエタンと呼ぶようになった。一六九四年、薬

オルヴィエタン売り（P. A. ドマシー、1723–1807）

草師のピエール・ポメは、その著書『薬草の歴史』の中で、こう記している。「オルヴィエタンは、ローマではごくありふれた薬だった。フランスの食品雑貨商では、早くからこれをローマから取り寄せていた。コントゥーギなる人物が、国王から小売販売権を獲得するずっと以前から」。

　オルヴィエタンの成分の一つであるテリアカは、なめ薬《トローチ》として「テリアカ売り」が別売していた。オルヴィエタンと同様、これも当時の医者からは、特効万能楽とみなされていた。テリアカには、おびただしい数の雑多な物質が含まれていたらしく、ニコラ・ウエル、ピエール・ポメ、モイーズ・シャラらはいずれも、六十種類以上の物質を計上している。マムシ、ビーバーの腎臓、オポパナクス〔セリ科の植物〕、松ヤニ、オーカー土などなど。アンブロワーズ・パレ(10)によれば、テリアカは調合してから四年後でないと効果が現れず、十二年後にその効き目はなくなったという。

理髪外科医

　十七世紀初頭、三つの職業集団が病気の治癒権を巡ってしのぎを削っていた。病気を治すというより、病人にとどめを刺す権利と言ったほうが当たっているかもしれない。三者とは、大学の医学博士、サン＝コームの外科医（一三一一年の王示により正規に承認された医者で、一般に「長衣の外科医」と呼ばれていた）、そして「短衣の理髪外科医」である。

「短衣」の理髪外科医の歴史も、「長衣」の外科医のそれに劣らぬくらい古いが、当初はあくまでも理髪師でしかなかった。理髪師の共同体が組織されたのは、一三七一年、シャルル五世の時代で

理髪師の仕事場を描いた風刺画。瀉血、抜歯、調髪、傷の治療などを行っている（16世紀の版画）

ある。当時、彼らの役割はかなり曖昧なものだった。

彼らに認められていたのは、次のような処置に限られていたようである。やさしい手術や傷の手当て、簡単な薬の処方、命に別状のない程度のおでき・こぶ・傷口の手当て、膏薬の供給、「日曜でも受け付ける」浣腸や瀉血。理髪師に与えられていたこれらの特権は、サン＝コームの外科医にしてみれば権利の侵害だった。理髪師と悶着が起こるたびに、サン＝コームの連中は、相手の素性をあげつらった。「奴らの看板に付いてるのは、ハサミとクシとフルートのマークだけじゃないか」。たしかに、理髪師の看板にはフルートのマークが付いていた。理髪師は、花嫁の髪を結い、花婿の髭を整えたあと、フルートを吹きながら修道院まで彼らに付き添ったからである。

理髪師が存亡の危機にさらされたのは、十五世紀末頃のことだった。この頃から屍体の解剖研究が不可欠になっていたのだが、解剖をする権利は、大学の医学博士とサン＝コームの外科医にしか認められていなかったからである。ところがこの時点で、医学部側が態度を豹変させた。サン＝コームの勢力拡大を警戒した博士らは、下っ端の理髪師を自分たちの勢力下に取り込み、庇護、育成することにしたのである。こうして、理髪師は大学教授の助手になり、瀉血を任されるまでになる。サン＝コームはこれに抗議し、訴訟を起こした。下されたのは理髪師側に不利な判決だった。が、医学部の保護は引き続き受けることができた。

一五〇五年、理髪師は医学博士の正規の弟子

浣腸（A. ボス）

であることが法的に認められた。ところが、また難問が浮上する。教育はラテン語で行うことが義務付けられていたのである。理髪師らにはラテン語などちんぷんかんぷんだった。そこで、博士らは、授業中、日常語にラテン語の語尾をくっ付けた造語を用いることにより急場をしのぐことにした。公開授業では、医者が「理髪師用外科学用語」と呼ばれるわけのわからない言葉を混ぜながら講義をし、その間に理髪師が解剖を行った。

やがて、博士論文をパスすれば、理髪師も「理髪外科医」の資格を得られるようになる〔十六世紀中葉頃〕。サン＝コームの外科医らも理髪師の研鑽と知識の向上を認め、何人かを仲間として迎え入れた。近代外科学の父と呼ばれているアンブロワーズ・パレも、その一人だった。彼も、最初はただの理髪師にすぎなかったのである。

錬金術師

錬金術は、十字軍の時代に、アラブ人を通じてヨーロッパにもたらされた。中世文化を知る上で最も重要な文献の一つとされている科学百科辞典『大鏡《スペキュラム・マジュス》』の中で、編纂者のヴァンサン・ド・ボーヴェイ(11)は、ひたすらアラブの錬金術師の意見を参考にしている。十七世紀に広く流布されていた古文書集、『化学の舞台《テアトリュム・ケミキュム》』にしても、アラブ人の業績の焼き直しにすぎず、ギリシャの錬金術師についてはほぼ完全に無視している。

錬金術師らは、世間から怪しまれ迫害されたため、身を隠し、聖人や有名人の名を使って偽名で本を書いていた。ニコラ・フラメルのような詐欺師がほとんどだったが、アンチモンの研究者、バジリウス・ヴァレンティヌス[12]のように、科学の発展に貢献した者もいる。

一五八八年、ジャン・ボダン[13]は著書『魔術師の悪魔妄想』の中で、「錬金術師らはアルコールを抽出したり、オイルや健康水を作ったり、金属の効用及び卑金属の貴金属化について講釈したりしていた」と述べると同時に、彼らが偽金も造っていたと付け加えている。以下の事実からも、それがあながち誇張でないことがわかるであろう。

当時、錬金術師（別名「賢者《フィロゾフ》」）らはみな、最も値打ちのない金属を黄金に変えることができる物質、すなわち「賢者の石」を探求していた。彼らはそれを、水銀が液体から固体に変化する過程で見つけ出せると考えた。ユイスマンはこう記している。「錬金術師らは、金属は化合体でありその組成は同一であることを発見した（このことはのちに科学的に証明された）。そこで、化合体を構成している各要素の組合せを、その結合比率に従って変化させてみたところ、この比率を変更させるような物質の助けを借りることにより、ある化合物を別の化合物に変えられるようになった。例えば水銀を銀に、鉛を金に変えられるようになったのである。そしてこの補助物質こそが賢者の石、つまり水銀である。だが、ただの水銀ではない。『緑のライオン[14]』と呼ばれる、賢者の水銀なのである」。

彼らはまた、熱を加えないで金を液化する方法を摸索していた。「健康と活力を回復し、老人を若返らせ、娘たちの肌を艶やかにし、ペストさえ直してしまう」ような、万能薬の開発を目指していたのだ。このためには、かの有名な「プロジェクション・オイル[15]」の発明が必要だった。このオ

錬金術師（D. テニエⅡ、1610-90）

イルについては、錬金術師らによるさまざまな魔術書でも、盛んに取り上げられている。

一六七七年、初代パリ警視総監、ラ・レイニ〔一六二五―一七〇九〕は、ある錬金術師の結社を摘発した。その結社は、銅を金に変えるまでには至らなかったが、銀に似たホワイトメタルの製造にこぎ着けたところだった。すんでのところで、ルイ十四世治下のフランスは偽金であふれ返るところだった。

賢者の石で大金持ちになれるという考えは、人々の想像力をおおいに刺激した。当然のことながら、この石を手に入れたがる輩《やから》も続出。詐欺師らに格好の活躍場所を提供した。ジョフロワ・レイネ(16)によると、錬金術師に雇われた詐欺師も何人かいたらしい――だまされやすい人をたぶらかし、偉業〔錬金術〕の達成に必要な資金を巻き上げるために。詐欺師らは、底に酸化金を入れたルッボを持っていた。酸化金は、雑多な物を適当に混ぜ合わせたペースト状の物質で覆われていた。これを、凹みの中に金のヤスリ屑を詰め込んだ棒で掻き回すのである。使用する硝酸液に、溶解した金をあらかじめ入れておく場合もあった。

しかし、すでに述べた通り、すべての錬金術師がぺてん師だったわけではない。彼らの実験は謎めいていて、曲解されたものも多いが、中には重要な発明の端緒となったものもある。代表的な人物としては、バジリウス・バレンティヌスを筆頭に、腕の良いイザック親子〔オランダ人〕や一四九〇年に死んだベルナール・トレヴィザンらがあげられる。また、グラウバー、ベッシャー、クンシュケル、シュタールなど、化学の分野で確固たる名声を残した一連の学者たちも、賢者の石の力を信じていた節がある。

振動装置

昔、四輪馬車の製造工は万民の健康保全に尽力していた。彼らがそれなりに改良を重ねながら馬車に取り付けた、スプリングの効用である。もちろん、当人らは少しもそんなことに気付いてはいなかった。スプリングを通じて車に伝わる振動のおかげで、神経組織が「もまれ」、分泌と吸収が「増進され」、体中がすこやかになるという寸法だ。ルイ十五世の侍医として知られるシラク〔一六五〇—一七三二〕は、「うつ病や体液から発する毒気、肝臓・ひ臓及び下腹部腺の閉塞に特有の諸疾患に」、最も効果的な治療の一つは、駅馬車で旅行することだと断言していた。一七三四年、『メルキュール・ド・フランス』誌は、四輪箱馬車に乗れるほど金持ちでない病人用の「肘掛椅子」が考案された、と報告している。この椅子は、「猛烈に揺れる車台の上に取り付けられていた」。人々がこのがくがく揺れる車の恩恵にあずかれた

ルイ15世時代の祝典用四輪馬車

のは、サン＝ピエール[17]神父のおかげである（神父らが考案した発明品――重要なのも突飛なのも含めて――の数からして、どうも彼らは一日中祈祷書を読んで暮らしていたのではないらしいことがわかる）。サン＝ピエールに言わせると、全人類がこの「振動装置」を必要としていた。丈夫な人は健康を維持し続けるために、出不精な人は（脈管などの）閉塞症を一掃するために、太りすぎの人は瀉血をしないですむように……。

宣伝が効を奏したこともあって、振動装置はまたたく間に普及した。大学の医学部もこれを推奨。一度はこれを試してみたいと望んでいたヴォルテールは、その結果にいたく満足した。至る所でこの振動装置の良さが称えられたが、別の突飛な新製品が現れたとたん、あっさりお払い箱になった。

健康酢と化粧酢屋

フランス革命まで、赤いボンネットにエプロン姿のお酢屋が、手押し車に小樽を乗せて、「いい酢だよー！」と叫びながら巡回していた。酢組合は、十四世紀に設立されており、組合員は「健全な肉体の持ち主であり、清潔な衣服を身に付けていること」を義務付けられていた。徒弟期間は四年、その後二年の職人修業期間を経て親方になった。

ルコント、マイユ、オンフロワ、カピテーヌなど、代々「王室御用達の酢及び蒸溜酒製造販売人」の肩書を持つ酢屋の名は、十八世紀の新聞雑誌にしばしば登場する。ポン＝ヌフ近くのエコール広場に店を構えていたカピテーヌは、食卓用、化粧用、薬用その他百五十種類以上の酢を店頭に揃

「おや、買っておくれか　べっぴんさん　うまい酢だよ、俺の酢は……」

えていた。オンフロワの宣伝用チラシには、彼が開発したか改良した「匂い水〔賦香率《ふこうりつ》の低い香水〕、エキス、濃縮エキス、酢」について、詳細に説明してあった。オードトワレとして最も高く評価されていたのは、《四人の盗賊》と呼ばれる酢だった。しかし、マイユの誇る一品にはかなわなかった。九十二種類の健康酢と化粧酢を考案したのがこの男の自慢の種だったが、その中の例外的逸品というのが、「金婚式を迎えるような女性を、おぼこ娘に変える」ことができるとされたものだったからである。

十八世紀末頃には、「酢屋兼マスタード屋兼ソース製造販売人兼蒸留酒・酒精エタノール製造販売人兼飲食物販売業者」の肩書を公式に持つ親方が、百八十八名いた。

抜歯屋

一六二〇年頃パリにやって来たフランシオン(18)は、抜歯屋についてこんな風に語っている。「ある日、ポン＝ヌフを散歩していると一人の男が馬に乗ってやって来た。男は毛裏付きジャケツの上にタフタのコートを着、右脇に刀を吊るしている。帽子の紐には歯が数珠つなぎになっていた。いでたち同様その顔もあんまりグロテスクだったので、じっと見ていると、男は橋の先端で止まり、いきなり馬を相手に講釈を始めた。『さあて、我が馬よ、俺たちは何でここに来たんだい？　お前がしゃべれたら、きっとこう答えるだろう、〈それは、正直者に奉仕するためさ〉。だが、〈イタリアの貴公子が、我々フランス人のために何ができるっていうんだ？〉と言う人もいるかもしれない。

――何を隠そう、我輩は皆様方の歯を抜きに来たのであります。痛みなどこれっぽっちも感じさせません。かわりの歯だって、お入れしますぜ。まるで本物の歯と同じように、食べられる歯を！――さてそこで、お立ち会い。どうやって皆様方の歯を抜くか？　剣の先で？　――とんでもない。そんな古くさい手は使わない。我輩が今この手に持っている、馬の手綱で抜くのであります！』。男の巧みな長広舌が始まるや、担ぎ人足一人に従僕一人、サクランボ売りの娘一人、女衒三人、悪餓鬼二人、あばずれ女一人にアルマナック売りの男一人が立ち止まった。聴衆が増えれば、弁舌にも自ずと力が入り、ますます冴え渡る。彼の言う通りなら、歯を生やしておこうなどと思う者は一人もいなくなってしまうに違いない。そうこうするうち、この男から、六本以上歯を抜いて新しいのと入れ替えてもらった、という浮浪者が現れた。その証拠にと開けて見せた口の中は、出血でもしたように、赤い絵の具がかすかに塗ってあった……」。

もう一人、フリュという名の有名な抜歯屋がいた。彼が馬車に乗ってポン＝ヌフに現れると、大騒ぎだった。馬車は、金の玉房と赤い羽根飾りを付けた三頭の馬に引かれていた。フリュは、占星術師用のボンネットか兜、あるいはトンガリ帽子をかぶって御者台に現れた。日によって、未開人みたいな羽根の服や、アルミの百スー・コインを縫い付けた衣装をまとい、歯をつなげた数珠を高々と振り上げて、予言者めいた仕種を規則的に繰り返しながら、偽のルイ金貨(19)が入れてある片手鍋を揺すった。

「我輩は、貧乏人ではない」、と彼は高らかに呼びかけた。「さて、お立会い。ご覧の通り、これは黄金であります！　我輩は父の城でなに不自由なく暮らすことだってできたでありましょう。だが、

ヴェニスの抜歯屋（P. ロンギ、1702–85）

ポン＝ヌフの喧噪（ニコラ・ゲラールの版画）

そんな生活はしたくなかった。人類は苦しんでいる、人類の救済におもむかねばならないと、我輩は、我と我が身に言い聞かせたのであります。我輩が立派な診療所を開いたりせず、こうして公共の広場にやって来るのは、大衆を、農民を、労働者を、民衆を、……さよう、民衆を、愛するがゆえであり、だからこそ、良心的に、誠実に、破格の値段で、抜歯という職務を遂行しているのであります！」。

ここでフリュが言わなかったことがある。それは、彼がとびきり優秀な警察のイヌであることだった。これこれしかじかの人間を強盗ないし詐欺の疑いで目下捜査中だと告げると、彼はたいてい、凄腕の刑事以上の成果を上げた。だが、彼の主たる財源はもっと別のところにあった。頑固な臼歯を抜きながら、患者のポケットを巧みにまさぐっていたのである。その手さばきたるや見事なものだった。が、危険がないわけではなかった。

サツの担当官から、捜査中の宝石泥棒がいっこうに見つからないと知らされたフリュは、細心の注意を払って患者を観察していた。知らぬとはいえ、こんな男に顎をあずけるとは、無謀というか、何とも不用心なことではある。そんなある日、炎症のため顔がぱんぱんに腫れてはいるが、捜査中の泥棒に良く似た男が、拷問台にも等しいフリュの椅子に座った。フリュは、はやる気持をぐっと抑え、いつも通り二重の仕事に取り掛かった。歯を抜かれている男がうなり声をあげている間に、ダイヤのネックレスと真珠のネックレスの所有者が変わった。泥棒が泥棒から巻き上げたのである。まずいことに、あるやり手の刑事がこれを見ていた。フリュは自分が見張られているとは知らなかった。その巧みな口上も、堂々たる物腰や警察への献身も、刑事の目をごまかすことはできなかった。抜歯の時は、患者と見物人の間に幔幕を張るのが常だったが、刑事はこれに穴を開け、そこからダイヤと真珠がポケットからポケットに移動するのを目撃したのである。二人の泥棒は、ただちにシャトレに引っ立てられた。二十年の強制労働の刑に処されたフリュは、間もなく獄死した。死因は、皮肉にも、歯の膿瘍悪化によるものだった。

十六世紀、抜歯器具はまだひどく不完全だった。当時の医学論文に、ヤスリや虫歯用のタガネ、鋭利なヤットコ、ノコギリ、歯を砕くためのタペットの使用方法が記されている。しかし、昔の人は勇敢だった。彼らは、これらの野蛮な器具を恐れるどころか、縁日で抜歯屋の妙技を見て感動していたのである。面白いことに、抜歯屋には演劇畑の出身者が多かった。おそらく彼らが、大道芝居の舞台で客寄せの芸を身に付けていたからだろう。グレゴワール・トスカンは、イタリア座のダンサーだった。ロシュフォールのミシュは、興業師だった。サン＝ジャックのアルドュアンは、ギヨ＝ゴルギュと名乗る役者だった。有名なタバランとその妻及び助手のモンドールは、歯痛

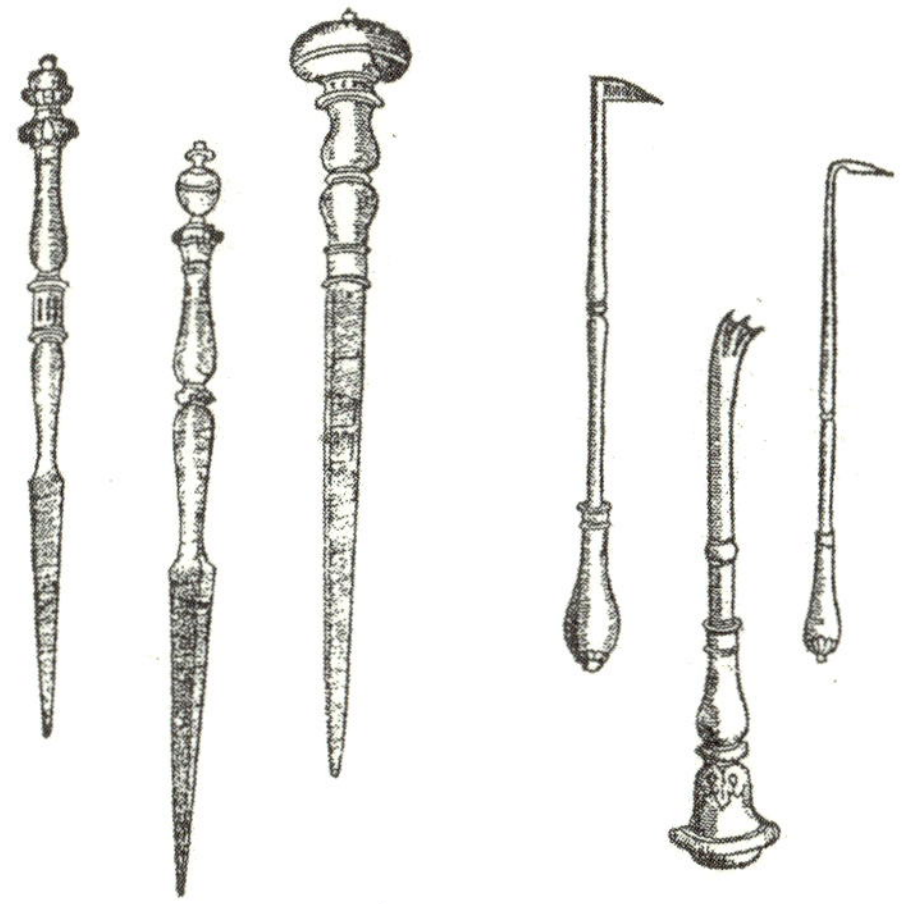

歯科用のやすり、ランセット（切開用具）、スラスター（突き刺すための器具）（アンブロワーズ・パレ『外科学10巻』1575年より）

ギヨ＝ゴルギュ（16世紀末―1648）。最初医学を学び、その後大道外科医らとともに地方を巡回するが、1634年、ゴルティエ＝ガルギュイユの後を引き継ぎ、1645年まで、ブルゴーニュ座で笑劇を演じる

用の阿片入りなめ薬《トローチ》やマンネンロウを売りながら地方を巡り歩いていた。

一七一五年頃最も有名だったのは、グラン・トマ[20]である。この男は、「アスクレピオス[21]の息子」、「比類なき者」、「ブロンズの馬[22]とサマリテーヌ[23]の次に美しいポン＝ヌフの装飾《オーナメント》」などの異名を取っていた。当時の文献によると、彼は深紅の服をまとい、孔雀の羽根の付いた三角帽をかぶった大男だった。銀製の胸当てには太陽の模様が入っていた。胸には歯をつないだ数珠が太い紐状にぶら下がり、巨大なサーベルが脚を打っていた。彼は、楽隊を引き連れていて、鋼の荷車に、トランペット奏者、鼓手、ヴァイオリン弾き、旗手、鐘を叩く助手各一名が乗っていた。この鐘の舌《ぜつ》の部分は冠をかぶせた臼歯でできていた。どんな激痛も、この巨人の前にひざまずけば消えてしまうという評判だった。歯がなかなか抜けない時、トマは患者をひざまずかせ、ヤットコで歯を挟むと、雄牛のようなたくましさで引っ張り上げた。患者は、三度に渡り、歯と一緒に持ち上げられた。歯が抜けると、彼は患者をポン＝ヌフの下手にある「ロゴムおばさん」のところに行かせた。口を消毒するためである。ロゴムおばさんは蒸留酒の小売をやっており、巨人にわずかながらコミッションを払っていた。

抜歯屋という職業は、その後十九世紀まで命脈を保ち続けた。彼らは、荷車に乗って村々を渡り歩いた。荷車は、金の玉房と白い羽根を付けた三頭の馬に引かれていた。荷車の屋上では、鎧を着た男がクラリネットを吹いていた。ある好事家により保存されていた彼らの口上の一部を見ても、その語り口は絶妙で、これでは、田舎者が口をあんぐりさせるのもむべなるかなという感じである。

「我が衣装の豪華さからして、おそらく、皆様方は、どこかの大国の大使か、はたまた避暑に来ている貴公子かと思われるかもしれない。あにはからんや！ 我輩は、フランス人を両親に、フランスで生まれた、生粋のフランス人であり、そのことを誇りに思う者であります。だが、旅をしたいというやむにやまれぬ思いにかられ、青春の

ポン＝ヌフとサマリテーヌ。1777年（J. P. ラギュネ画）

真っ盛りに、諸国を駆け巡るべく我が麗しの故郷をあとにしたのであります。我輩が求めていたのは、栄光でも、富でも、快楽でもない。我輩が求めていたのは、我が同胞の救済であり、消滅した歯痛治療薬の処方の再発見、もしくは、歯の無痛治療及び無痛抜歯に一身を捧げることであります。我輩はこの願望を達成いたしました。我輩は自然界からこの秘伝を手に入れ、今日では我が広範なる知識により得た権力により、君臨しております！　そうであります、君臨です。我輩は全人類に君臨しているのであります。我輩はもうこれ以上の成功を望んではおりません。皆様方が我が名を口にされる時、それがいかに御利益があり、恩寵に満たされていることか！　それはあたかも、異邦人やイスラム教徒、文明人、はたまた無神論者の国々の偉大なる博士の名のごとく、有難くも尊いものなのであります！……私をよーくご覧なさい！　さ、さ、もっと近付いて！……いざ、音楽を！」。

高級執行人

かつて、死刑執行人はこう呼ばれていた。高級裁判権を持つ領主のみが、人を殺す権利を持っていたからである。死刑はたいてい足場を組んだ櫓《やぐら》の上か、T字形の柱の上で行われたので、人々は彼らを「高場《たかば》の大将」とも呼んでいた。長い間、死刑執行人という役職は特に設置されていなかった。イスラエル人は、民衆、告発者、犠牲者の両親が、目には目を歯には歯をの反坐法に従い、石を投げ付けて罪人を殺した。古代ローマの死刑執行人は、奴隷や最下層民しか扱わず、ローマ市民の斬首は先導警吏《リクトル》にゆだねられていた。キケロ〔前一〇六―前四三〕は死刑執行人の役目を兼務していたある牢番について語っている。その後、ロシアやドイツでは、裁判官が判決と処罰とを兼務していた。したがって、死刑執行という職務に関する権限や通常業務については、何一つ定められていなかった。人々は状況に応じて行動しており、兵士を使ってことを処理する場合が多かった。

十三世紀にならないと、「悪人のばっこを危惧し、法律によって命じられた場合、その国の慣習に従い、さらし刑や斬首刑、首かせその他の刑罰により、引きずったり、吊るしたり、突き刺したり、手足をばらばらにしたり、鞭や棒で打ったり、耳を切ったりするために、火、刀剣、鞭、四つ裂き具、車輪、熊手、はりつけ柱を用いてその職務を遂行すること」を義務付けられた役人の足跡は、見いだせない。この職業に就くためには、非常に長期に渡る修業が求められた。

一二六四年における、冒瀆犯に対する命令事項は次のようなものだった。「冒瀆的な悪行もしくは讒言《ざんげん》をした者は、着衣なしに鞭で打たれるものとする。ただしこれは、男は男の執行人、女は女の執行人により遂行される」。当時のフランス王国には「女の執行人」がいたと思わせるような記述であるが、厳密にはそういうことはなかった。ただ、執行人の妻や娘が、有罪の宣告を受けた女性の科人《とがにん》に対し、鞭打ちの刑を行うよう命じられることはあった。「死刑執行人《ブーロー》」という言葉は、ボレルというある博識な領主の名にちなんだものだと言われている。この人物は死刑問題に精通していたので、以後死刑執行者にその名が与えられるという光栄に浴した。

死刑執行人は卑しい人間とみなされていた。と同時に、人々を恐れおののかせる存在でもあった。そこで人々は、彼らが都市の内部に住むことを拒絶した。獄卒界以外の者と婚姻を結んだり、子供

車刑（14世紀）。四肢を粉砕した上で車輪に固定し、死ぬまで放置する。
フランスでこの刑が廃止されたのは18世紀末。

を学校にやったり、頭巾をかぶらずに教会に入ることも拒んだ。スペインでは、死刑執行人は特別な衣服を着ていた。白い階段（死刑台の踏段）を刺繍した巾広のソンブレロ、赤い縁取りをしたタバコ色のラシャの上着、同じ生地のズボン、黄色の胴巻。家は赤く塗られていた。フランスでは、死刑執行時、執行人は緋色の服を着ることが義務付けられていた。執行人の死にともない別人がこの職務を引き継ぐ際には、犯罪人一名を恩赦にすることもあった。

国王だけが、正規の国選死刑執行人だった。高級裁判権を王からゆだねられていた領主らは、その必要に迫られると、最寄りの都市の執行人を呼び寄せた。一四〇〇年、エヴルーでは、犯罪人一名を絞首刑にするための必要経費に、トゥール硬貨で十スーかかったと記されている。しかし、実際には、執行人らの言い値通りに支払われる場合がほとんどだった。十七世紀のアミアン市役所の記録台帳によると、ここの「赤い服の男」は、六十エキュもの年収を得ていた。おまけに、アミアン市は彼に、服地用ラシャ五オーヌ、住居、クリスマスと復活祭ごとに小麦一スーティエを支給し、棒打ち・絞首・車刑などを実施するための諸雑費として、五スーから六十スーを与えていた。一方、執行人には、綱、剣、小刀、及び「その他の道

死刑執行人。賤視されてはいたが、金になる職業だった

パリ中央市場での処刑。15世紀中葉。背後の建物が魚市場の倉庫、中央にあるのはピロリ（『フランス年代記』の細密画）

具」の調達が義務付けられていた。とはいえ、踏段、はりつけ柱、木材などの購入は彼らの担当ではなかったし、輸送・運搬費も彼らの義務ではなかった。

　パリの死刑執行人らは、果物、海産物、淡水魚、公現祭《エピファニー》の菓子、露天商品、野菜、プティ＝ポンの通行料、ほうき、干し草などの売り上げの何割かを勝手に搾取していたし、レプラ患者や娼婦からもなにがしかの金をせしめていた。歴史家のアンリ・ソーヴァル〔一六二〇頃―七〇頃〕によると、どこかの修道院の領地内で刑を執行した場合、執行人が受け取るべきもろもろの報酬の中には、豚の頭一個が含まれていたという。サン＝マルタン修道院の修道女たちは、領内で彼が執行した刑の報酬として、毎年、パン五個と葡萄酒五本を与えることを義務付けられていた。

『慣習法全書』にこう記してある。「一人の人間が刑に処せられたのち、執行人は胴巻より上部のものすべてを受け取る権利があった」。パリ中央市場内の魚市場にあった、通称さらし台《ピロリ》広場は、パリの死刑執行人が建築許可を得て建てた家や店舗で囲まれていた。これらの建物は、商人らに賃貸されていた。おまけに、執行人には「市場における物品を天引きする」権利も与えられていたので、商人が市場で商品として陳列している牧草、生鮮野菜、穀物から一定量の物品を直に徴収することができた。穀物については、片手一つかみ分と決められていた。こうした無数の悪弊を抑えるべく、当局は何度となく介入したが、はかばかしい成果を上げることはできなかった。

一七五七年、価格表が制定された。「焼くのに九十リーヴル。火刑後、遺灰をばらまくのに六リーヴル。裂くのに六十。車輪にさらすのに十五。吊るすのに三十。絞首台の股木にはりつけるのに三。拷問を行うのに十五。はりつけ柱に接吻をさ

パリ中央市場の魚屋（防寒のためにアンカを入れた樽の中で商売をしている女将）

せ、鞭打ち、烙印を行うのに二十二リーヴル十スー」。執行人がその居住地外に出張する場合は、一日当たり五リーヴルが支給された。

卑しいが、金になる職業だった。十八世紀末、トュルゴ(24)により、死刑執行人は、市場に穀物や小麦粉を出荷している農夫からいかなる報酬も受け取ってはならない、という法律が制定された。こうして、執行人による庶民からの搾取はようやく終りを遂げたのである。

拷問執行人

フランスでは、ローマ法の普及にともない、神の審判及び神明裁判(25)が廃止された〔十二世紀〕。神の審判も神明裁判も、実質的には拷問《トルチュール》だったが、この廃止は結果的に「審問《ケスチョン》」の行使を増幅させることになった。審問は「拷問」の同義語であり、犯罪調査の古典的形式であるこの任務を担当させられていたのが、「拷問執行人」である。

「予備審問」では被告人の自白を取ることが義務付けられていた。死刑が執行される直前、受刑者にはもう一つの審問が課された。「事前審問」である。拷問により死に至らしめてはならないというのが、一六七〇年の王令により更新された唯一の制約であった。その苦痛の度合いが被疑者に耐え得る程度のものであるかどうかを判断するため、外科医もしくは理髪外科医が、現場に立ち会った。それ「国王直属の役人」であるシャトレの拷問執行人は、一年におよそ二十日しか働かなかった。それほど拷問執行人の数が多かったのである。臨時収入を得るため、彼らは、大真面目で、「痛みをあ

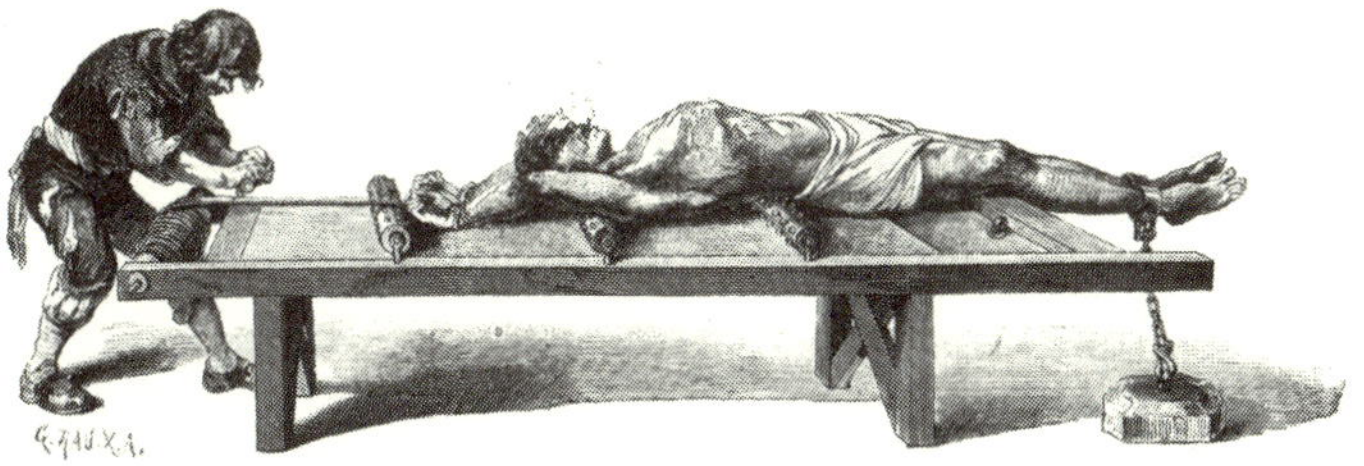

拷問。科刑台上での四肢脱臼

まり感じないですむ」秘訣を教えたり、拷問に手心を加えたりしていた。十六世紀以後の最も一般的な拷問は、引き伸ばし、水責め、長靴の刑だった。燃え上がる火を足の裏に押し付ける、火責めはすでに廃止されていた。

　引き伸ばしによる拷問では、拷問執行人は被疑者を後ろ手に縛り、右足に百八十リーヴルの錘を付け、天井から滑車で吊るした綱で引き上げる。これが引き伸ばし刑の第一段階である。第二段階では、両手両足を固定した綱で引っ張る。一方の綱は床に取り付けた鉄の輪に、もう一方の綱は壁の三ピエの高さのところに固定されている。被疑者の体の下には台が置かれ、台の高さを三十分かけて徐々に上げながら、張力を強化してゆく。三十分間罪状を否認し続けた者は、無罪の宣告を受ける。理髪外科医が脱臼した関節を元に戻す。

　水責めでは、被疑者は鞍形《ウマ》の台に乗せられ、頭上に伸ばした両腕は壁に取り付けた輪につながれ、両足は床に取り付けた輪につながれる。執行人は被疑者の鼻をつまみ、ジョウゴ状の角《つの》製の杯から水を口に流し込む。杯が空になるたびに、判事なり書記は、被疑者が自白したかどうかを執行人に尋ねる。六リットルの水が流し込まれるまで、これは続けられた。これが「小ウマ」である。「大ウマ」の場合は、この倍の水を飲

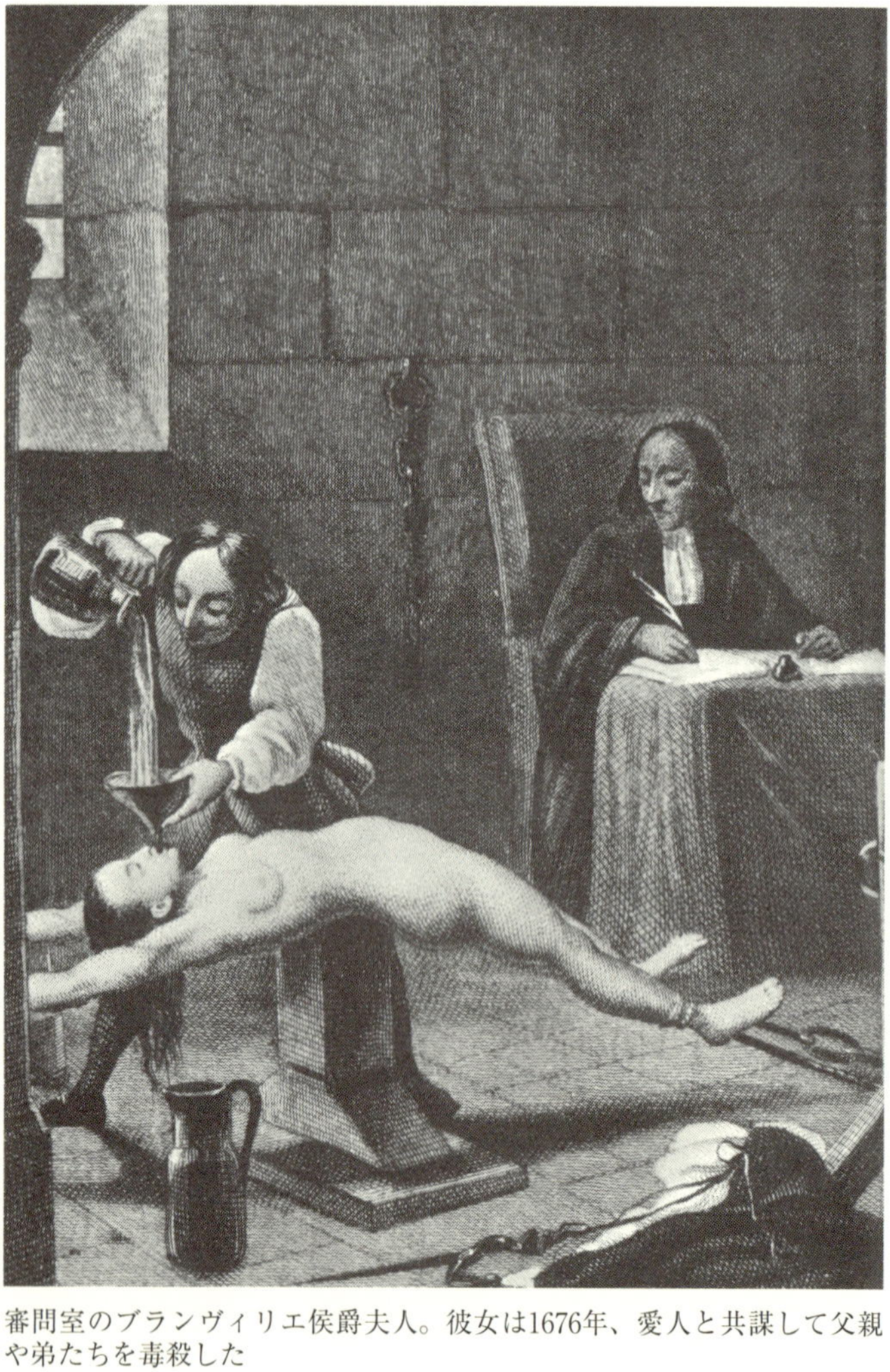

審問室のブランヴィリエ侯爵夫人。彼女は1676年、愛人と共謀して父親や弟たちを毒殺した

まされた。

長靴の刑では、椅子に座らせられた被疑者の両脚をそれぞれ二枚の樫の板で挟み、計四枚の板ごと縄を巻き付けながら間隔をせばめて行く。内側二枚の板と板の間に、「上は膝の位置から、下は足首の位置から、木のくさびを斧で力一杯打ち込む。『特別審問』の場合、くさびの数は八本を越えた」。ルドュンの小教区主任司祭、ウルバン・グランディエ（一五九〇―一六三四）が受けたのが、この刑だった。彼は、ルドュンの修道女らを悪魔に取り付かせたかどで告発されたのだった。立ち会い人なしで行われるべき審問に、非合法に許可を得て現場にいた、カプチン会修道士のトランキルと聖フランシスコ会原始会則派のラクタンスは、ローバルドモン判事の見守る中で、グランディエが苦しみ悶える間中わめき続けていた。一人は執行人に向かって「打て！　打て！　打て！」と叫び、もう一人は被告人にラテン語で「白状しろ！　白状しろ！　白状しろ！」と叫んでいた。それでも足りず、自分らも木槌を取り追加のくさびを打ち込んだ。四十五分後、拷問の器具が外され

拷問。突起付きローラー

拷問。浸水による不完全窒息

た時、司祭の両脚は形をとどめておらず、砕けた骨がふくらはぎから突き出ていた。何度も失神するので、これでは火刑台にかけないうちに、死んでしまうのではないかと周囲の者は気をもんだ。この告発は呪術を糾弾するのが目的だったから、どこかに悪魔の刻印が押されていないかと、人々は彼の体中を剃って調べあげた。医者にしりぞけられたため、辛うじて眉と爪だけは残された。

一七九一年、ルイ十六世は審問を廃止した。

ピロリ

拷問執行人の下に、もっと低級な任務を担当する者がいた。娼婦の髪を刈ったり、「売春宿の女将」を裸にして鞭で打ったりするのがその職務だった。売春宿の女将に麦ワラ帽子をかぶせ、背中に立札をくくり付け、ほうきで追い立てるか、ロバのしっぽを握らせるかして通りを行進させる場合もあった。男女を問わず女衒には、烙印刑を適用することが多かったが、これはまた別の係が担当した。そのほか、罪人をさらし台《ピロリ》にかける係も別にいた。

公共広場に麗々しくしつらえられたピロリは、名誉剥奪を目的とするさらし刑のための道具であり、高級裁判権を有する領主の管轄下にあった。パリでは、中央市場に、ピロリ用の櫓《やぐら》が組んであった。櫓には、いくつも穴の開いた回転式の鉄の輪が設置されており、罪人は頭と両腕をこの穴に入れられ、公衆の面前にさらされる。さらす時間は、毎回少なくとも二時間に渡り、これが三日間続けられた。

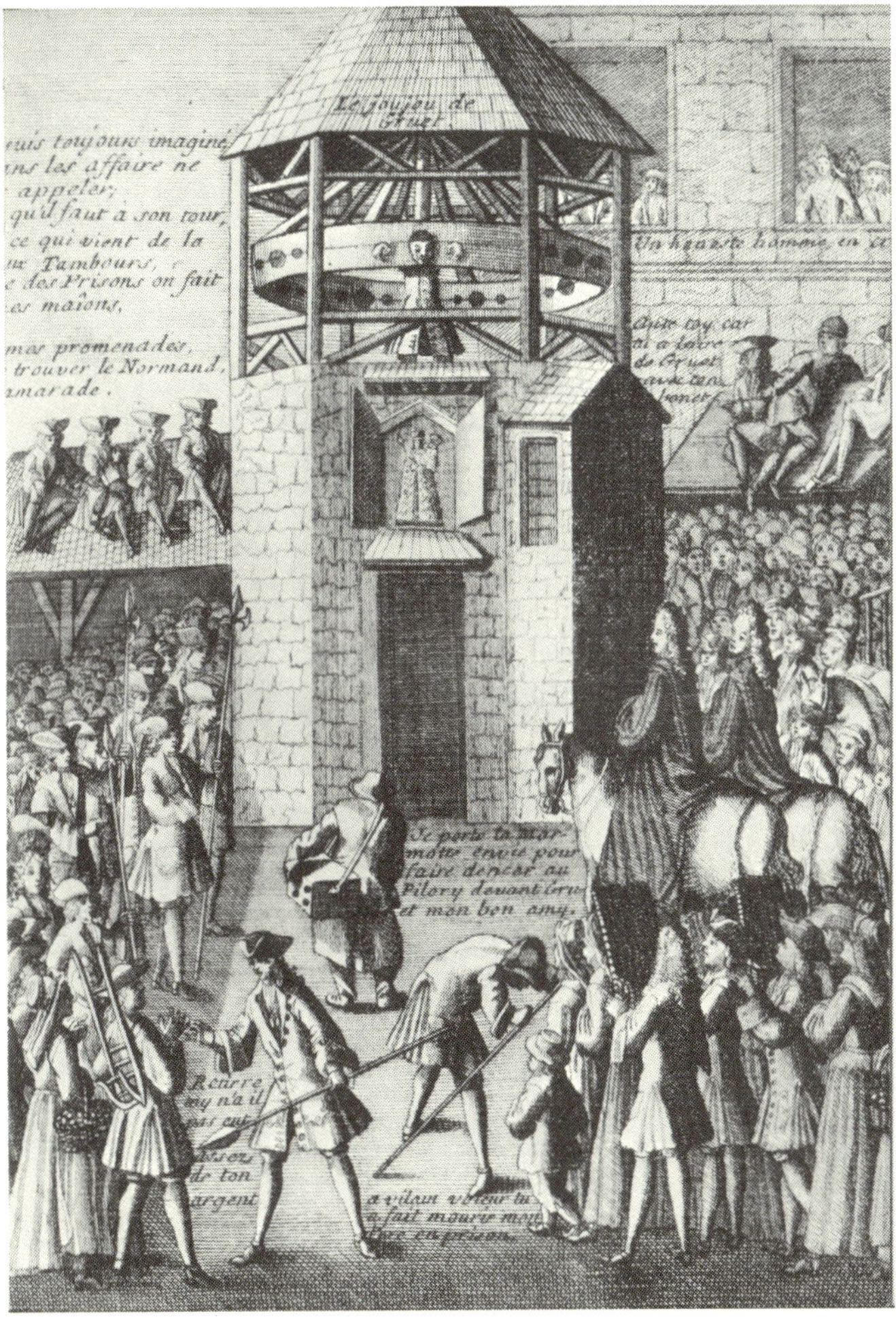

パリ中央市場でピロリにかけられている強盗のグリュ。画面に「今にも死にそうだよ、あんなに善い奴が」の文字が見える

一七八九年、ピロリのかわりに首かせが用いられるようになった。やがて首かせも外された。一八四八年には、さらし刑そのものが廃止される。しかしこれはイギリスの方が一足早かった。すでに一八三七年には廃止されていたのだから。

イギリスでは、十三世紀以来、通貨の偽造者や芸術品の贋作者及び風刺文作者にピロリ刑を適用しており、一七〇三年、一人の過激な政治評論家がピロリにかけられたという記録が残っている。まだ『ロビンソン・クルーソー』を出版する以前の、ダニエル・デフォーだ。ロンドンの民衆は、台に立たされている彼に味方し喝采を送ったという。

【訳注】

（1）クラウディウス一世（前一〇―後五四）：ローマ皇帝（在位四一―五四）。病身のため三番目の妻、小アグリッピナに実権を握られ毒殺される。

（2）ブリタニキュス（四一―五五）：ローマ皇帝クラウディウスの息子。義母アグリッピナにより皇位継承を妨げられ、その子ネロに毒殺された。ラシーヌの悲劇『ブリタニキュス』の主人公。

（3）ネロ（三七―六八）：ローマ皇帝（在位五四―六八）。小アグリッピナの子。初期には善政を敷いたが、やがて近親者らを殺害し、残忍、暴虐の性格を現した。

（4）プラトウス（前二五四―一八四）：古代ローマの喜劇作者。

（5）ミトリダート：免毒性練り薬。

（6）テリアカ：阿片などを含む解毒性なめ薬。

（7）ニコラ・レムリー（一六四五―一七一五）：フランスの薬学・化学者。鉄粉と硫黄の混合物は「レムリーの火山」と呼ばれた。
（8）ギイ・パタン（一六〇二―七二）：フランスの医師、作家。同時代の年代記的な書簡を残す。
（9）リュトブフ（十三世紀後半）：フランスの詩人。ヴィヨンの先駆と目される詩のほか、劇、聖者伝説など多彩なジャンルの作品を残す。
（10）アンブロワーズ・パレ（一五〇九頃―九〇）：フランスの外科医。銃創治療に従来の焼灼のかわりに動脈を結紮する方法を取った。近代外科学の父と呼ばれる。
（11）ヴァンサン・ド・ボーヴェイ（一一九〇頃―一二六四）：ドミニカ系フランス人。中世文化に関する最重要資料の一つとされている科学百科辞典『大鏡 *Speculum Majus*』を編纂。
（12）ヴァジリウス・ヴァレンティヌス（生没年不詳）：十五世紀初頭にドイツで活躍したとされる半伝説的修道士。錬金術師、医師として知られる。初めてアンチモンを医薬品として用いたと伝えられる。
（13）ジャン・ボダン（一五三〇―九六）：フランスの政治思想家。主著『国家論 *Les six livres de la république*』で近代的主権概念を確立した。
（14）緑のライオン：金属の直接的原質と考えられた、水銀と硫黄の象徴。錬金術の象徴とされた。
（15）プロジェクション・オイル：卑金属を貴金属に変えるため、加熱した水銀や溶かした鉛、錫の中に、賢者の石の粉末を入れた精油。
（16）ジョフロワ・レイネ（一六七二―一七三一）：フランスの医者、化学者。近代物理学の開祖の一人。錬金術及び錬金術師の学説には終始反駁。

(17) サン＝ピエール、シャルル＝イレーネ・カステル（一六五八―一七四三）：フランスの聖職者、思想家、振動装置の発明者。著書『永久平和論 *Projet de paix perpetuelle*』で欧州国際平和機構成立の必要を説き、カント、ルソーなど後の平和論者に影響を与えた。

(18) フランシオン：シャルル・ソレル（一六〇二頃―一六七四）の風刺小説『フランシオンのおかしな物語 *Histoire comique de Francion*』（一六二三）の主人公。

(19) ルイ金貨：ルイ十三世以降のルイ王の肖像入り金貨。

(20) グラン・トマ（?―一七五七）：サン＝コームで外科医の資格を取り、医学部の認可を受けた、当時の大道医としては例外的な存在。銀貨五万五千九百リーヴルを遺して死亡。

(21) アスクレピオス：ギリシャの医神。

(22) ブロンズの馬：アンリ四世の騎馬彫像で、フランスの公共道路に立てられた最初の人物像。

(23) サマリテーヌ：ポン＝ヌフの上には一八一三年までルーヴル宮に水を供給していた給水塔があり、そのポンプが、キリストに飲み水を与えるサマリアの女（サマリテーヌ）をかたどっていた。

(24) トュルゴ、ロベール＝ジャック（一七二七―八一）：フランスの政治家、経済学者。ルイ十六世により財務総監に登用され、国家財政再建のため自由主義経済政策を断行するが、貴族・僧侶階級の反発を招き引退。

(25) 神の審判及び神明裁判：神意を受けて白黒を決定する裁判。熱湯や鉄火を用いて、火傷を負わなければ無罪とした。

10　ファンシーグッズ

袋物屋と股袋屋

メロヴィンガ朝の人々の服にはポケットが付いていなかった。そのかわり、彼らは革の巾着を用いていた。小銭その他を入れるためにも、この種の小袋は中世の人々の必携品だった。十三世紀には、「施物袋《オーモニエール》」と呼ばれるウエストポーチ型の小袋が大流行。十四世紀になると猟師の獲物袋のような革のショルダーバッグ型か、オーモニエールより大振りの「エスカルセル」とよばれる大型の腰巾着が流行った。

「袋物師」は当初「巾着業者」組合に属していたが、その頃の巾着業者に許されていたのは、革製の袋物の製造だけだった。布製の物入れを服に縫い付けるアイディアが生まれたのは、ずっと後年のことである。その間、人々は、エスカルセルや胴巻、胴衣の内側、垂れ頭巾をポケットがわりにしていた。

十五世紀に大流行した股袋《ブラゲット》は、「股袋師」により作ら

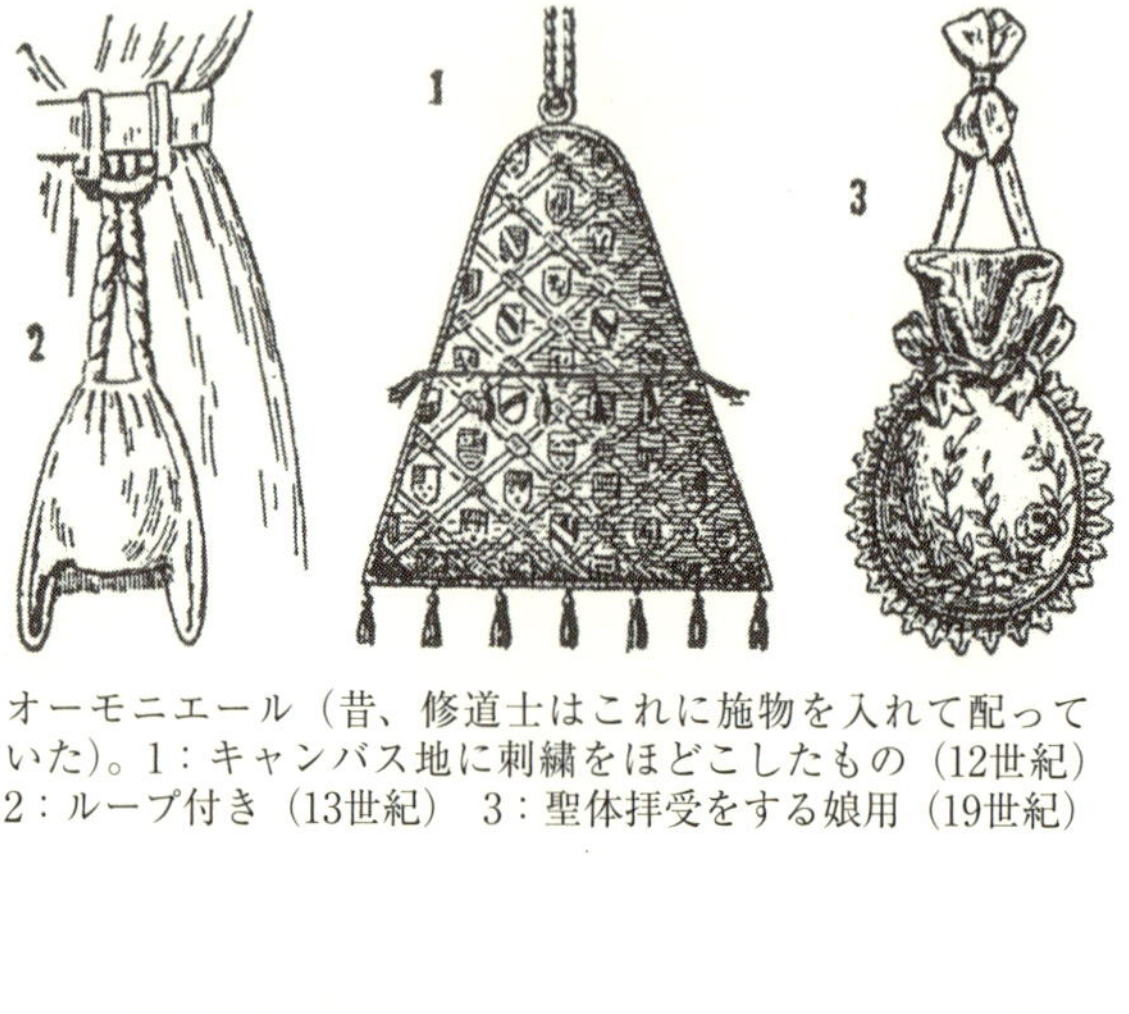

オーモニエール（昔、修道士はこれに施物を入れて配っていた）。1：キャンバス地に刺繍をほどこしたもの（12世紀）2：ループ付き（13世紀）3：聖体拝受をする娘用（19世紀）

夭折のイギリス国王エドワード6世のブラゲットは金銀細工製だった（H. ホルバイン、1497–1543）

れていた。今日我々が考えるポケットにほぼ類似するものの元祖がこれで、オー＝ド＝ショースと呼ばれる、男子用半ズボンの股間に取り付けられていた。当時のショースはとても体にぴったりしていたので、股袋はいやが上にも人目を引いた。この袋は、初め「掛金《ロケ》」と呼ばれる止め具でつなげられていたが、その後両端に金具の付いた二本の飾り紐でつなげられるようになった。ラブレーの『パンタグリュエル』の中にも、パヌルジュが「美々しくも豪華な股袋」をひけらかしている、というくだりがある。

股袋の全盛期には、これがポケットとして使われていたと多くの資料が伝えている。さもなければ、次のようなことが本当にまかり通っていたなんて、我々現代人にはとうてい信じられない。当時の人々は、「股袋にハンケチ、鍵、リンゴ、オレンジなどを入れており、食卓で、それまで股袋にしまっておいた果物を取り出して勧めても不作法ではなかった」。

すでにこの頃から、大きくふくらんだ袖のたもとを物入れに使うことを人々は考え始めていたが、股袋がポケットの元祖であることは、議論の余地のないところである。

手袋屋と香水屋

ヨーロッパに、ありとあらゆる中東の香料を持ち帰ったのは、十字軍である。彼らキリスト教軍団は、聖地エルサレムをイスラム支配から解放すべく遠征した帰り道、巾着や胴衣、ベルト、手袋用の革に染み込ませて、香料を持ち込み、フランスに一大香水ブームを巻き起こす。中でも手袋用の革に染み込ませたものが一番多かった。このことからも、香水はもともと、一般に信じられていたように理髪かつら師や理髪師ではなく、「手袋業者」が主に取り扱っていたことがわかる。

手袋製造業者は、フィリップ尊厳王〔在位一一八〇—一二二三〕の時代に団体規約を定められ、開業に当たっては王室財務管理官に三十九ドゥニエを支払うよう義務付けられていた。彼らは決して行商をしてはならず、販売は自宅もしくは市場の物売台で行わねばならなかった。一三五七年、ジャン善王は彼らにさまざまな特権を授けている。十五世紀初頭、手袋製造業者の紋章は、紋章総図鑑に登録されるまでになるが、その産業が名実ともに発展し始めたのは、アンリ二世〔在位一五四七—五九〕の治下になってからにすぎない。彼の妻、カトリーヌ・ド・メディシス[1]は、腕の良いイタリア人の香水師を何人かパリに呼んだ。その中にルネ・ル・フロランタンという男がおり、彼は両替橋《ポントーシャンジュ》で香水店を開業したが、そこでは、香水の箱にしのばせて、毒薬も売られていた。

十六世紀、高価な手袋には香料が染み込ませてあった。このため、手袋業者は香料の専売権を主張。一方、高級小間物商は、香水と手袋両方の販売権を要求していた。一五九四年に下された裁決

手袋と香水を売る店（ルイ16世時代）

によると、商品に香料を染み込ませることは双方の組合に許可されているが、手袋業者に対しては、自分が製造したもの以外のいかなる香水も小売してはならない、という一項が加えられている。しかし、一六一四年に発令された公開状により、手袋業者にも香水業者の肩書が授与されることになった。

手袋業者に許されていたのは、販売に必要な分だけの、皮のなめしとそれに染み込ませる香料の製造であった。香料は、中東から伝えられた製法に従って、「小樽」に詰めた麝香《じゃこう》、麝香猫《じゃこうねこ》、竜涎香《りゅうぜんこう》、植物性芳香物質などを混ぜ合わせて製造した。彼らは、匂い水、口髭用化粧品、皮膚用クリームも売っていた。一六八九年、髪粉《ヘアパウダー》の独占販売権も認可された。

手袋の製造はその後もずっと彼らの仕事の主要部分をなしていたが、一七一三年には、プレスで形抜きした石鹸の製造も始める。一七七六年の各種職業共同体再編成の際、手袋製造業者組合は、巾着製造業者及びベルト製造業者組合に統合させられた。

フランス革命により、これらの職業はあらゆる拘束から解除されたが、同時に、香水業者は香水の調合のみを、手袋業者は手袋の製造のみを行うよう規定されることになる。

〈香水屋〉のアレゴリー（N. ド・ラルムサン、1684–1755）

パステル

パステルは、インジゴチンを含む植物であり、古代ギリシャ・ローマ時代から布地用染料として用いられていた。ギリシャ・ローマ以外の国々では、これを体の一部を染めるために使用していた。プリニウス(2)によると、古代ブルターニュの女性は、未婚既婚を問わず、何らかの宗教的儀式に裸で出席する際、皮膚をパステルで染めていたという。グレート・ブリテン島の住民は、体に花や木、動物の形の切り込みを入れ、そこにパステルの汁液を流し込んでその図柄を青く皮膚に定着させた。テルトゥリアヌス(3)はこれを「ブリタニアの烙印」と呼んだ。

ブルターニュ、ノルマンディー、ラングドック地方で独自に栽培されたパステルは、発色が良く、布地を見事な「ペルシャン・ブルー」に染め上げたので、地中海東岸地方《レヴァント》にまでその名声は広まっていた。パス＝ノルマンディー地方、中でもカーンの町は、数世紀に渡り、パステルで大儲けをした。『カーン風土記』の著者ジェルヴェ・ド・ラ・リュ神父〔一七五一―一八三五〕によると、十二世紀以後、カーン周辺には、パステルをひく風車が無数にあったという。しかし、最も高く評価されていたのは、ラングドック地方で栽培されたパステルで、トゥールーズ近郊におけるパステルの供給量は厖大なものだった。ヨーロッパ市場で手広く商われていたからである。フランス人はこれを「タイセイ(4)」と呼んでいると、ニコ(5)は記している。その収益率は小麦のそれを上回っていたということから、当時パステルの栽培面積が一頭地を抜いていたことがわかる。

トゥールーズ地方では、パステルは「コケーニュ」と呼ばれていた。「木の実の殻《コック》」か繭玉のように丸く固められていたからである。パステル産業で飛躍的な発展を遂げたため、人々はこの地方を「コケーニュの国」と呼んでいたが、これがいつの間にか「楽園のような国《コカーニュ》」となった。ボルドー港一港からだけでさえ、百キロ詰めのコケーニュが年平均二十万梱《こり》輸出されていた。諸外国はこれを最重要必需品としていたため、諸戦時下でも、パステルの取引に関しては、自由と保護が保たれるべく各国間で合意が結ばれていた。

　現在トゥールーズ市に残存する最高級の建造物はいずれも、その昔パステル製造業者により建設されたものである。フランソワ一世[6]の身代金を確保するに当たって、シャルル＝クァントは、富豪の「コック」製造業者、ピエール・ド・ベレンに保釈金を支払うよう要求した。当時の膨大な輸出量については、『今日のフランスにおける超物価高の原因に関する考察』（一五七四）にも記されている。「イギリス人はフランスの葡萄酒、パステル、塩を手に入れるために、彼らの所有する麗しきバラ金貨[7]とアンジェロ金貨[8]を我が国にもたらす」。

　藍《インディゴ》はパステルよりずっと質の高い染料だったが、パステルにかわってヨーロッパ市場に浸透するのは容易ではなかった。すでに定着していた、さまざまな慣習と闘わねばならなかったからである。しかし、こうした植物染料は、ほどなく化学染料にとってかわられ、「コケーニュ」を製粉していた風車も、その翼を休めることになる。

ハーフビーバーの山高帽

十七世紀初頭、フランス国内のビーバーは絶滅の危機に瀕していた。あまりに多くの裏地や帽子に変身させられてしまったからである。カナダがフランスの植民地になったのは、ちょうどその頃〔一六〇八〕のことだった。こうして貴重な齧歯類《げっし》の毛皮が、新天地から大量にパリジャンに供給されるようになり、ビーバーファッションは、以前にも増す勢いで再燃。待ってましたとばかりに、政府はこれに重い関税をかけた。

これを機に、一人の帽子屋――今となってはその名もわからない――が、当時としては画期的なアイディアを、迷い抜いたすえ、実践した。それまでのように一〇〇％毛皮ではなく、裏に安物のウール地を使い、これをビーバーの毛で覆った山高帽を作って、「ドミカストール〔ハーフビーバー〕」の名で売り出したのである。質は悪いが、見栄えが良くて、安い。その後の産業界の姿勢を先取りしたような製品であった。

しかしこの大胆な帽子屋は、所属する同業組合と国の両方から締め付けられることになる。というのも、帽子組合には、ビーバーの毛皮一〇〇％の製品でないものをビーバー帽として作ってはならないという、一六五八年に定められた規約があり、国にしてみれば、これでビーバーの輸入が減少することを危惧したからである。一六六六年、政府はドミカストールの製造を禁止。しかし、何の効果もなかった。それどころか、パリ中の反骨分子の熱狂的な要請に応え、ドミカストールの生産は拡大され、事業は大いに繁栄した。結局、一六八五年に下された二つの裁決により、十八名の帽子屋にドミカストールの独占権を認めるというかたちで、この問題は決着した。「西方領土(ルイジアナおよびカナダ)の農民は、これら十八名の者にしかビーバーを供給してはならない。一方、この十八名の者は各人、少なくとも三千リーヴル分のビーバー、すなわち総数約四万枚の毛皮を購入する義務を負う」。

それ以外の帽子屋もこの権利を要求したが、認められなかった。それでもどうにか工面して毛皮を手に入れた彼らは、特権を持つ十八名の同業者に果敢に挑んだ。民衆は挑戦者側の肩を持ち、大々的に支援。この闘争は六十八年間続いた。一七三四年、ついに政府は、十八名以外の帽子屋にもドミカストールの製造を許可した。

ドミカストールにまつわる闘争の記憶は、パリ市民の脳裏に深く刻まれ、その後長い間、品質の悪い商品はなんでも「ドミカストール」と呼ばれた。ドミ＝モンド(9)の女性のことまで、人々はこう呼んでいた。

ヴェルチュガードとクリノリン

クリノリンの起源は十六世紀にまでさかのぼる。もとはといえば、これはスペインから渡来した、「ヴェルチュガード」と呼ばれるスカートをふくらませるためのドーナツ状の箍《たが》だった。芯が鯨の骨でできていたので、当時は「鯨骨業者」がその製造に当たっていた。コルセットが誕生した

クリノリン（イギリスの風刺画、19世紀中葉）

ヴェルチュガード（イギリスの版画、16世紀）

釣り鐘スカート（フランスの風刺画、18世紀）

クリノリン（イギリスの風刺画、19世紀）

のも、ちょうどその頃のことだった。上半身は、コルセットでウエストをぎゅっと締め付けているので、まるでジョウゴのよう。一方、ヒップの部分はスカートの中に入れたヴェルチュガードで大きくふくらんでいた。女性は、猫も杓子も、砂時計のような格好をしていたのである。詩人たちは、この奇妙な器具の中で窮屈そうにしている御婦人方を、おもしろおかしく謳い上げた。説教師らは、この「嫌悪をもよおすくだらないもの」を悪しざまにこき下ろし、「あんなものに憧れる破廉恥な女どもが」と罵倒した。すべての流行がそうであるように、一大ブームののち、ヴェルチュガードは姿を消した。

クリノリンが登場したのは、十九世紀半ばのことである。一八五四年、アルフォンス・カール(10)はこう記している。「女性たちは、目下のところ、例の腰の辺りがむやみに広がったファッションをあえて繰り返そうとはしていない。が、その兆しは見える」。彼女たちは、徐々にではあるが、再びヒップをふくらませようとしていた。クリノリンは、最初、スカートをふくらますために、ジュポンのお尻の部分に馬の毛の補強材を付けただけのものだった。しかし、これではスカートを支えきれなかった。そこで、馬の毛のかわりに、鯨の骨でできた何本もの輪を、丸天井の枠のように組み立てたものが考えだされた。その後、これは磨いた鋼の輪になった。こうして、クリノリン製造業者という新手の職人の誕生となる。樽職人が作る同心円状の箍《たが》と同じような輪っかが、熱気球みたいにふくらんだドレスを支えていた。外からは見えないが、釣り鐘形のスカートの下では、二本の脚が舌《ぜつ》のかわりにせわしなく動いていた。レヴュー作家はクリノリンを冷やかし、年代記作者は攻撃した。一八五七年、小説家のフィリップ・ビュゾーニは、「クリノリンはもう終りだ。遠からず、ふくらみすぎて破裂してしまったあの有名なカエルのように、死んでしまうだろう」と予言した。しかし、破裂するどころか、二年後にはさらにふくらんだ。突如姿をくらましたのは、一八六七年のことである。

ナポレオン三世の后ウジェニー（一八二六―一九二〇）は、ペ街に店を構えるイギリス生まれのクチュリエ、フレデリック・ウォルト（一八二五―九五）の協力で、クリノリンから解放された。クリノリンを最初に作ったのは、フリックという名のイギリス人だったという。そして、もう一人のイギリス人が、クリノリンから「女性を釈放」することにより、面目をほどこした。

ツケボクロ師

十六世紀末、人々は、膏薬を塗った、黒のタフタかビロードのちっちゃなパッチをこめかみに貼り付けて、歯痛の手当をしていた。この黒い斑点が肌の白さを引き立たせることに、あるお洒落な女性が気付いた。歯痛にはさして効き目がないにしろ、たしかにこのパッチは、どんなに冴えない容色にも輝きを与えた。こうしてツケボクロ《ムッシュ》の大流行となる。

謹厳なフィトリューはこれにおおいに憤慨し、その著書『流行反対《コントル＝モード》』（一六四二）の中で明言している。「ホクロだらけの女たちの脳味噌には、顔よりずっと多くの蠅《ムッシュ》がいる」と。同じ頃出版された洒落者向けマナー読本、『ギャラントリーの法則』では、騎士も円形もしくは細長いホクロを付けても構わないとされている。この流行はついに修道院にまで及び、聖職者の間にも広まった。

16世紀にヴェネチアで起こったツケボクロブームは、ヨーロッパ中に広がり、18世紀まで続いた

一六四九年に書かれた『反マザラン風刺文』は、髪をカールし、髪粉を振りかけ、「ツケボクロだらけの顔」をした神父らを、神の怒りをちらつかせながら諌めている。ツケボクロには、それぞれ名前が付けられていた。目元に付けるホクロは「情熱的な女」、口元のは「色好みな女」、鼻の上のは「あばずれ」、ほおの真ん中のは「恋する女」。

一六九二年、〈ア・ラ・ペルル・ド・ムッシュ〉という、評判の良いツケボクロ屋が、サン＝ドニ街にあった。「いとしの王様」の愛称で呼ばれていたルイ十五世治下では、女性はみな、マフの中にツケボクロ用の箱を入れていた。箱の中には、丸、四角、楕円、星、月、太陽、三日月、ハート、人物、さらにはいろんな動物と、さまざまな形のホクロが入っていて、まるで見世物小屋のようだった。

ツケボクロ製造の独占権は、「精密細工職人」に与えられていた。彼らは、穴あけ器やケバ立て器、焼きゴテ、織機を使って、「婦人服の装飾に用いるあらゆる種類の小物」を製造していた。十八世紀中葉、パリには十五名の精密細工職人兼ツケボクロ師がいた。刺繍師と提携している者もいたし、フリーランスで仕事をしている者もいた。徒弟期間六年、職人就業期間三年。共同体の守護聖人はサン＝クレールだった。

飾り皿の砂型工

飾り皿とは、食卓を飾る大判の金銀細工製品である。十八世紀の飾り皿には、お盆の底のような形をした板硝子が使われていた。人々は、最初、この板硝子の表面を白砂糖で覆って飾ろうと考えた。その後、彩色したパン屑でここに絵を描いたが、やがて、パン屑のかわりに「ノンパレイユ」と呼ばれる丸くて小粒の多色砂糖菓子を用いるようになった。しばらくして、ある大理石職人が白大理石の粉を使うことを思い付き、非常に変化に富んだ微妙な色を彩色した。あらかじめ硝子板の上に卵白を薄く塗って表面を強化し、その上に極彩色の絵をほどこすことに成功したのである。この発明は、「砂型工」という新たな職業の誕生をうながした。この職業は、一七七五年まで存続した。当時、上流家庭には必ず、砂型工、もしくは、飾り皿の硝子板に砂絵を描くことのできる食卓係がいた。

髪結見習《メルラン》い

髪結という商売があんなに繁盛していなかったら、髪粉《ヘアーパウダー》が使われ始めた時点で、髪結見習いはさっさと転職していたに違いない。

フランス革命が起こる少し前、男は髪を三つ編みにしたり、カールしたり、ポニーテールにした

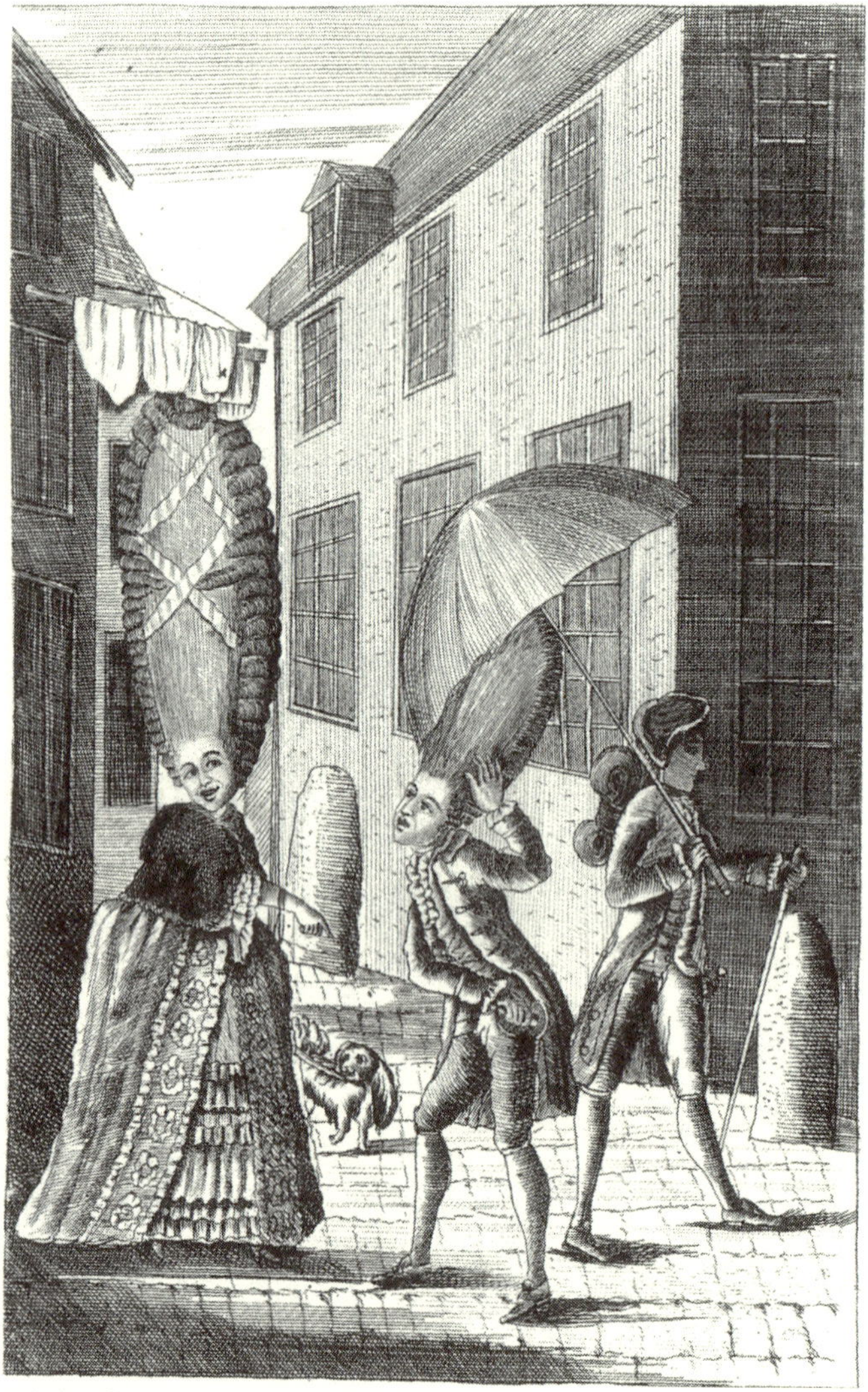

男も女に負けじと髪を高く結い上げた。フランスの風刺画

り、ポマードを塗ったり、髪粉を振りかけたりしていた。一番白くしていたのは、代訴人見習いの下っ端、召使、コック、見習いコックで、彼らは幾重にもカールを積み重ねたり、雪のように白くした前髪をピラミッド状にそびえ立たせたりしていた。このため、当時は、気障な若者の家や安酒場に入ると、竜涎香《りゅうぜんこう》の混じったポマードや髪粉の匂いで息が詰まりそうだった。

一七八三年頃のかつら店に関する記述の中で、メルシエは、髪結の見習いが当時「鱈《メルラン》」と呼ばれていた由来を語っている。店内には、蝋引きの肩カバーをかけられた客がいる。頭を無数のカールペーパーで覆われたこの男は、今、焼けるように熱いコテをかけられるのを待っているところだ。客のまわりには、「熱したフライパンに入れられる寸前の鱈みたいに、白い粉にまみれた、顔色の悪い四人の見習いが、クシや剃刀、髪粉用パフを使いながら、せわし気に働いていた」。客は、髪粉で咳き込まないように円錐型の容器に顔を突っ込んでいた。

【訳注】

（1）カトリーヌ・ド・メディシス（一五一九―八九）：フィレンツェの名家メディチ家のロレンツォ・デ・メディチの娘。アンリ二世の妃。夫の死後、執政となり、サン＝バルテルミーの虐殺を行いユグノー戦争を激化させる。

（2）プリニウス（二三―七九）：古代ローマの政治家、学者。当代最大の『博物誌 *Historia naturalis*』（全三十七巻）を出す。

（3）テルトゥリアヌス（一五五頃―二二二頃）：カルタゴ生まれの初期キリスト教教父。キリスト教ラテン文学の確立者として知られる。

（4）タイセイ（大青）：ヨーロッパ原産のアブラナ科の草木。この葉から採れる青色染料をパステルという。栽培に当たっては開花を待たず、夏季充実した葉を順次摘み取り、臼でついてパルプ化し、球状にまとめて農家から出荷される。これを粉砕、加湿、攪拌して発酵発色させ、さらに乾燥させて顆粒状にし初めて商品となる。

（5）ニコ（一五三〇頃―一六〇〇）：フランスの外交官。駐ポルトガル大使となり、タバコをフランスに初めて伝える。『フランス語宝典 *Thrésor de la langue françoise tant ancienne que moderne*』（一六〇六）を編纂。

（6）フランソワ一世（一四九四―一五四七）：フランス国王（在位一五一五―四七）。王権の強化につとめるとともに、フランスにおけるルネサンス文化を開花させた。度重なるイタリア出兵を行う一方、神聖ローマ帝国の皇位をねらいスペイン王カルロス一世（後のカール五世、シャルル＝クァント）に敗れ（パビアの戦い、一五二五）、一時マドリードに捕らわれの身となる。

（7）バラ金貨：バラの紋章を持つ当時の金貨（英仏通貨）。

（8）アンジェロ金貨：竜を踏み付ける天使ミカエルの像を刻んだ当時のフランスの金貨。

（9）ドミ＝モンド：社交界に寄生する素性の知れない女性たちの世界。アレクサンドル・デュマ・フィス（一八二四―九五）の小説『椿姫』のヒロインもその一人。

（10）アルフォンス・カール（一八〇八―九〇）：ババリア出身のジャーナリスト、作家。月刊政治風刺雑誌『スズメバチ *Guêpes*』を刊行。

11　水上で

天体観測儀と砂時計

帆船の撤退とともに、いくつかの職業が消滅した。最も被害をこうむったのは、織工組合と綱職人組合だった。あの厖大な面積の帆を製作するためにどれだけの布地と麻綱が必要だったかは、昔の版画を見ただけでも想像がつく。とはいえ、大昔から地球上の全水域で使われていた帆布は、たしかにその重要性を失いはしたが、まったく生産されなくなったわけではない。

では、ガリオン船[1]とフリゲート艦[2]の沈没とともに、この世から完全に姿を消したものとは何か？少なくとも二つある。天体観測儀と砂時計だ。どちらも、かつて国際的規模で利用されていた計測器だが、今ではその作りの見事さゆえに、好事家の興味をそそっているにすぎない。

天体観測儀を発明したのは、ギリシャの天文学者、ヒッパルクス（紀元前二世紀）だとされている。これは、星の位置を観察し、自らの方位を測定するための器械であり、航海士の必携品だった。天体観測儀の制作にたずさわったのは、鍛冶職人である。彼らは多くの傑作を残したが、そのほとんどはルネサンス期に生み出されたものだ。

胴がくびれた砂時計用のフラスコを吹いていたのは、硝子職人である。砂時計は古代ギリシャの水時計を元にしたもので、原理も似たようなものだった。砂時計が、一定量の砂のゆっくりした流れにより、一定の時間の長さ（十五分、三十分、まれにはそれ以上）を測定するものであることは誰もが知っている。しかし、時計製作技術の進歩により、この原始的な機械が陸地でお払い箱にされたあとも、船上でずっと働き続けていたことを知っている者はおそらくあるまい。前世紀半ばまで、海上では砂が時を刻み、人々はそれに従って生活を営んでいたのである。

水上商人

セーヌ、マルヌ、オワーズという三つの河川に囲まれた、パリジ(3)の領土には、水により収益を得る商人で組織された裕福な団体があった。「パリジの貿易商《ノウト》」と呼ばれるこれらの水上商人は、ガリアがローマに征服される以前から活躍していたと考えられている。第二代ローマ皇帝ティベリウス（在位一四―三七年）の時代にリュテシアの「ノウト」らは、島の最東端にジュピターをまつる祭壇を建立しており、その残骸が、一七一一年、ノートルダム寺院の内陣発掘の際に発見された。同寺院の正面ファサードの石の一つに、次のような意味の言葉がラテン語

パリの橋の下にあった小麦用の水車（14世紀初頭の細密画）

パリの橋の下に炭を積んだ船が着いたところ（14世紀初頭の細密画）

で刻まれていたのである。「ティベリウス・セザール・アウグストの治下に、パリジのノウトらがかくも見事なジュピターの祭壇を建立せり」。

ストラボン[4]は、ゴール地方南部から陸路ないし河川を通じてリュテシアに運ばれて来た、数多くの製品について語っている。この事実からも、この地にきちんと組織された団体があることを、ティベリウスは知っていたと考えて良いであろう。

この団体に所属する商人は、本来、航海の治安を担当する市町村団体の役員だった。彼らはリュテシア島のセーヌ川の大分流上に、常時航行可能な陸揚げおよび船積み用の港を持っており、中世の頃、この港はサン＝ランドリ港と呼ばれていた。ここに小さな聖堂を構えていた、徳の高い司教の名にちなんで付けられたものである。

現在ノートルダム寺院がそびえている場所で、「ノウト」の祭壇が発掘されたということは、彼らの本拠地がここからそう遠くなかったということであろう。当時、彼らのような河川関係者は、「同業組合《コレージュ》」を河川上にしか設置できなかった。十七世紀末、パリの観光ガイドの先駆者であるジェルマン・ブリスが入手した情報によると、ここが最初のパリ市役所、つまり「水上貨物局」、の跡地であった。ということは、昔の貿易商らのコレージュがあった場所であり、後年、名門ユルザン家の大邸宅が建てられたところでもある、ということになる。

長い間、市町村の行政を担当する役人は、水上商人組合員の中から選出されていた。それほどこの組合の勢力は絶大だったのである。中世にその名をとどろかせたパリのハンザ同盟の母体がこれであり、後年のパリ市参事会ないしパリ市役員団体の原始的な核とでも言うべきものだった。「揺られようとも沈まず」という不滅の謳い文句で知られている、我が国の首都の紋章、あの大帆船の図案もこの組合にちなんだものであった。

海賊《フリビュスティエ》と私掠船《コルゼール》の船長

海賊と「私掠船の船長」を混同している人がいる。これは大きな誤りである。十七世紀、「沿岸同盟員」と名乗る恐いもの知らずの海賊らが、スペインの商船を攻撃目標にした掠奪者組織〔主に仏英、まれにオランダ人から成る〕を結成した。彼らは、カリブ海を中心に海賊行為を働いていたブカニエ[5]と同盟を結び、トルチュ島[6]に基地を作ると、ここから南米海域を荒らしに出かけた。彼らの猛勇を支えていたのは、金欲だけだった。ただ、同じ海賊でもグラモン〔?―一六八五頃〕やリュッサン〔一六六二―八八以降〕のような貴族階級出身の者は、英雄と称えられた。

他からの束縛を極度に嫌う彼らは、自分の気紛れにしか従わなかったし、襲撃中しか仲間うちの掟にも従わなかった。掠奪品の取り分は船長が六人前分、士官級が二、三人前分、それ以外の乗組員は一人前分だけだった。陸に上がると、彼らは非道の限りを尽くした。そのくせ、戦闘の前には、勝利とそして何より豊富な獲物を、熱心に神に祈願するのだった。かけらほどの良心もないくせに、自らの掠奪に対する愛着心を、スペイン人に対する復讐というもっともらしい口実で正当化していた。強欲なスペイン人どもが、その統治下の島々や沿岸での狩や漁を彼らに禁じているから、というわけだ。

フリビュスティエの派手な活躍の裏には、当時スペインと交戦中だったフランスが、彼らに暗黙の庇護を与えていたことを付け加えておく必要がある。事実、サン＝ドミニク島政府は、数度に渡り海賊団を支援している。

フリビュスティエとコルゼールが混同されるようになったのには、次のような事情があった。一六九七年、ルイ十四世は、南米スペイン領の貿易港カルタヘナ[7]襲撃に参加するよう、フリビュスティエに持ち掛けさせた。フリビュスティエは、海軍副司令官ポンティ男爵の指揮するフランス艦隊に、志願兵として参加することになった。フリビュスティエの士官はフランス王国海軍の士官と同等であり、戦利品の三分の一が彼らに渡されることになっていた。かつてのフリビュスティエ

革命時代のコルゼール、ロベール・スュルクフの華々しい活躍ぶりを伝える当時の版画

戦闘中の帆船。1783年2月11日、フランスのフリゲート艦〈ナンフ〉と〈アンフィトリート〉が、イギリスの軍艦〈アルゴ〉を攻撃

で、その後フランス領トルチュ島の統治者になっていたデュカス〔一六四九―一七一五〕も、「海賊団」の指揮官としてこの襲撃に参加していた。同年四月一日に出帆した艦隊は、同月十二日カルタヘナ港に出現。艦隊は三十の帆船を数え、そのうちフリビュスト艦艇は十三隻、千六百五十名の戦士を乗せていた。恐いもの知らずの精鋭集団である。

港町は占領された。戦利品は厖大だった。フリビュスティエらは、当初の約束通り、その分け前にあずかるに十分なだけの働きをしていた。しかし、ルイ十四世は彼らの威力に脅威を感じ始めていた。その威力の前には、自らの権威など名ばかりのものでしかないことに気付いたのである。こうして、国王の命により、ポンティは海賊団内部の分裂を画策。それればかりか、協定を無視して、戦利品の三分の一を渡すことを拒んだ。そして、国王軍の下級兵士や船員と同量の分け前分を各フリビュスティエに与えるという言葉だけを残して、国王軍を引き連れ、さっさとヨーロッパに向けて出発してしまった。征服した領土に置き去りにされ、初めて裏切られたと知ったならず者らは、激怒し、一切の責任を自分らの指揮官に押し付けた。悪いことは重なるもので、その後彼らはさまざまな病気に見舞われ、死者が続出。トルチュ島に帰港した時には、船はほとんど空だった。

海賊団は二度とこの打撃から立ち直れなかった。やがて、あらゆる権力により追い詰められ、孤立し、最も卑劣な掠奪行為に身を任せる盗賊の群れと化した。トルチュ島は、その後長い間、そうした無法者の隠れ家として利用された。昔の名残で、人々は新参の無法者も、「フリビュスティエ」と呼んだ。

一方、コルゼールは掠奪者ではない。彼らは、政府から私掠特許状を与えられた船舶の船長であ

平時の帆船。18世紀のトゥーロンの錨泊地

る。欧州先進海洋諸国の政府は、自国の船舶に「敵の商船を襲撃すべし」という認可状を与えていた。こうした「私掠行為」が行われるのは、戦争中だけだった。コルゼールの数が増えたのは、二つのアメリカ大陸発見により、商業及び航海の活発な促進がはかられるようになってからである。新世界でスペインの権威を失墜させたのは、イギリス、フランス、オランダのコルゼールだった。後年、誕生したばかりのアメリカ共和国を支援したのも彼らである。独立宣言の際、アメリカ合衆国がかかえていたのは、コルゼールにより率いられた海軍だけだった。愛国心に燃えたコルゼールらは、イギリス船を襲撃し、甚大な損害を与えた。

こうした私掠行為及びその艦隊によりもたらされた恩恵の一つに、優秀な海兵隊員の育成があげられる。私掠行為を行うためには、覇気と行動力と駆け引きのうまさが要求された。それ

ルイ14世時代、対英・対蘭戦で勇名をとどろかせたデュゲイ＝トルーアン（1673–1736）。彼は後年、総督の地位にまで上り詰めた

までのフランス海軍にはこれが欠けていた。何のメリットもなく、ただ漫然と国のために命を捧げる気にはなかなかなれなかったからである。しかし、私掠行為の際には、乗組員にも戦利品の一部が与えられた。ジャン・バル〔一六五〇―一七〇二〕、デュゲイ＝トルーアン〔一六七三―一七三六〕などフランス海軍きっての勇士は、いずれも、私掠戦で鍛えられた面々である。フランス革命期にもコルゼールは大役を演じた。中でも有名なのがスュルクフ(8)である。

しかしながら、司法権および人権の確立とともに、私掠行為の廃止が諸文明国家に緊急に求められるようになった。私掠行為の実行は、とりもなおさず、最も残忍で野蛮な時代の再来を意味したからである。クリミア戦争後の一八五六年、パリで、海洋諸国〔スペイン、アメリカを除く〕による私掠行為廃止の締結条約が結ばれた。

川船

昔の陸路は通行不能なことが多く、車両はのべつ立ち往生させられていた。しかし、幸いなことに、もっと楽なルートがあった。河川である。引き馬が、河川に浮かぶ船を牽引しながら、岸を走っていた。先を急がない人々は、この船で旅をした。パリからルーアンに行くのに、たっぷり一週間はかかった。朝の五時にパリを発った船がモントローに着くのは、夜中の三時だった。二十六リューを踏破するのに、二十二時間かかったことになる。輓馬《ばんば》に引かれて、セーヌ川をパリからサン゠クルーまでさかのぼるのに、二時間かかった。

詩人のアントワーヌ・ベルタン〔一七五二―九〇〕は、著書『ブルゴーニュの旅』の中で、川船の旅に関する愉快な記述を残している。一七七四年、彼はモントローからこれに乗った。「中甲板は修道士や兵士、子守、農夫らで占拠され、まるで新大陸行きの動物船にでも乗り合

1782年のサンポール港の眺望。中央に川船の桟橋が見える（N. ド・レピナス、1734–1808）

わせたような気がした。……『船長』と名乗る男は、舵《かじ》のそばに船室を持っている。軍の仕出し女の巣窟も比較的舵の近くだ。買い物をしておかなかった不運な者たちにとってつらいのは、台所が便所とたった一枚の仕切板でしか隔てられていないことである。ここでは便所は『瓶《プティユ》』と呼ばれている……」。

フランス革命期には、赤いボンネットをかぶったサンキュロットに追い詰められた貴族らが、街道と同様河川にも殺到した。一七九一年、マダム・ド・ブルボン〔一七五〇―一八二二〕は、モントローの川船を利用してピレネー山中に向かった。「それは、甲板付きの巨大な船だった。大部屋が一つあり、奥の方に屋根窓から明かりを取った小部屋が数室もうけられていた。大部屋には、四百名以上もの人がぎゅうぎゅう詰めにされていた。男、女、子供、司祭、軍人、犬、鳥……」、と彼女は記している。

船長らのあなどるような視線にさらされながらの逃避行は、昨日まで支配者側だった人々にとり、決して快適とは言えなかったであろう。が、それにしても、ゆっくりとした川船の旅には、それなりの魅力があったに違いない。一八一二年、パリ＝シャロン間の連絡船の一つは、「ひまつぶし《パス＝タン》」という名前だった。

川で洗濯

ブルジョワ社会は言うまでもなく、貴族社会でも、寝具・洗面・食卓・台所用布並びに下着などの家庭用リネンは、古来家庭で洗われていた。なるべく長持ちさせるよう、丁寧に。一二九二年度のパリの人頭税台帳に記載されている洗濯屋の数が、男女合わせて四十三人だけだったのはこのためである。この台帳に妙な記載がある。「ジャンヌ：セント＝ジュヌヴィエーヴ修道院の洗濯女、ムスティエ街在住」。なぜ妙かというと、当時修道士は男女とも自分のものは自分で洗濯していたからである。

十六世紀末まで、石鹸はほとんどないに等しかった。人々は、洗濯べらで叩くことにより洗剤の不足を補っていた。パリでは、毎朝、洗濯女らがセーヌ川に洗濯に行った。当時の人々はそれを、「川を叩きに」行くと言っていた。

十七世紀、セーヌ川の何個所かがひどく汚染され、ここで洗濯したリネン類の使用は公衆衛生上危険な状態になっていた。一六六六年から一七七七年にかけて、夏の間、モベール広場とポン＝ヌフの間の入江で洗濯を禁じるさまざまな行政命令が下された。これに違反した場合、洗濯女は「鞭打ちの刑」に処せられた。「なぜなら、淀んだ水の汚染が重大な疾病の原因となり得るか

サンクルー城の大池でリネンを叩く洗濯女（H. ロベール、1733–1808）

らである」、とドラマールはその『警察概説』の中で述べている。

したがって、当時の上流階級の人々が、洗濯物を外国の洗濯屋に出していたとしても驚くには当たらない。オランダに送られることが多かった。オランダの水は砂丘の砂で濾過されていたため、軟らかく透明で洗濯にはもってこいだった、とジョベール神父は記している。この贅沢な習慣は、十八世紀末頃になってもまだ続けられていた。

だが、もっと効果的な方法があった。ボルドーの洗濯仲介業者を通して、汚れ物をドミニカ島に送るのである！　ヴォーブラン伯爵（一七五六―一八四五）がこれについて次のように報告している。「ドミニカ島からの船団が到着し、無数の人々が、パリに降り立った。彼らは、男も女も、真っ白な服を身に付けていた。パリジャンはその美しさに眼を見張った。かつて私があの島のフランス岬に到着した時、そこの人たちの衣服の白さに眼を奪われたように。王妃（マリー＝アントワネット）がこの噂をお聞きになり……」。その後、ボルドーの洗濯業者も、ドミニカ島の業者と同じくらい美しく仕上げる方法を修得した。

洗濯船の「女親分《キャピテーヌ》」

十九世紀末、洗濯船の女主人を、人々は揶揄《やゆ》を込めてこう呼んでいた。この頃になってもまだ、洗濯女が「リネンを叩きに」洗濯船にやって来ていた。すでに一七一二年、フランス政府は、パリ市に対し「洗濯船」の処遇について勧告している。洗濯船はベンチとテーブルを備え付けた屋根付

昔のパリ警視庁前に浮かぶ洗濯船（A. ティオレ、1824─95）

きの平船である。この船の上で、女たちは、客からあずかった洗濯物を洗っていた。むろん、船の持ち主に場所代を払って権利を買った上でのことである。

十八世紀初頭、セーヌ川沿いに浮かぶ洗濯船の数は、八十隻にも上った。「小船は洗二隻一組にして、ラ街（オテル・コルベール街）の入口とパヴェ街（その後グラン＝ドゥグレ街になった）の入口に係留されていた」、とラカイユ神父が出版（一七一四）した地図の索引には記されている。もっとも、実際に地図に描かれているのは、六隻だけだ。

同じ頃、洗濯船ではなく、グルヌイエール河岸及びグロ＝カイヨー河岸（いずれも現オルセイ河岸。後者はアンヴァリッド橋の上流）で洗い物をしている女たちが、およそ五百名いた。行政当局は、彼女らも、セーヌ川の堤ではなく、洗濯船で仕事をさせようと考えた。その結果、パリ市の行政審議会により、彼女らの労賃に課税することが可決された。「一回分の賃金に対し一人頭四スー、及び、当業務に必要不可欠な桶の賃貸料に対し一スーを税金として支払うものとする」。多くの者がこれに従うことを拒否した。彼女らの弁護士は、異例の陳情書を作成した。一七四〇年八月三十一日、この陳情が勝訴し、「河岸の洗濯女」は以後どこでも好きな場所で洗濯をして構わない、という一札をとることができた。一方、それ以外の者は、従来通り、洗濯船で洗濯を続けることとされた。

「洗濯船の洗濯女」のほとんどが、パリの大手クリーニング業者の雇用人だった。彼女らは、高級ランジュリーを扱う「河岸の洗濯女」からひどくさげすまれ、人間の屑のようにみなされていた。「寒さと湿気で手や顔にしもやけが広がるのと比例して、川船の乗組員や沖仲仕との付合いも頻繁になり、彼女らの倫理感はどんどん損なわれていった」。世間は、場所代や桶の賃貸料にかまけて、女たちの堕落した行為は見て見ぬ振りをしていると「女親分《キャピテーヌ》」を指弾した。

引船馬《ひきぶねうま》

もう何十年か前のことだが、「艀《はしけ》が通る」という歌の文句を、誰もが口ずさんだ時期があった。この歌は、モーターの単調なうなりとともに、水の流れのまま、滑るように進む伝馬船の動きを思い起こさせたものである。

しかし、人々は今でも、昔の船頭のつらい暮しを覚えているだろうか？　何世紀もの間、河川や運河に沿って、伝馬船は馬か人に引かれていた。ほんの五十年前まで、マルヌ川で舟遊びをする人々や岸辺の釣人は、この船の通過に悩まされていた。普通、二頭の引き馬が一本の綱につながれ、重たい船を引っ張っていた。

毎日毎日、雨の日も、風の日も、焼け付くような太陽の日も、船頭は、引船馬のかたわらをとことことこと歩いていた。一息入れるのは、水門を通過する時だけだった。水門の開閉作業が行われている隙に、付近の安酒場に「赤を一杯」やりに行く。それだけが彼の楽しみだった。夜になると、馬は岸から、船底の馬小屋に連れて行かれた。陸と船の間に掛けられた、ぐらぐら揺れる板の渡しを渡るのが、一苦労だった。一日の労働にくたびれ果てた船頭も、馬小屋に降りて来て、ワラ束の上で馬と一緒に眠りをむさぼった。

今では、どの伝馬船もモーター付きだ。河岸沿いの道だけが、往時の引船人足を偲ぶよすがになっている。

引船馬。左に見えるのは渡し船（スカルピーナ）

【訳注】

（1）ガリオン船：十五〜十八世紀にスペインが商船、軍艦として用いた大帆船。

（2）フリゲート艦：三本マストの軍艦。

（3）パリジ：ガリアにいた一種族。その首都はリュテシア（現パリ、シテ島）だった。

（4）ストラボン（前五八頃―後二三頃）：古代ローマ時代のギリシャ人地理学者、歴史家。

（5）ブカニエ：第6章〈ブカニエ〉の項参照。

（6）トルチュ島：当時フランス領だった、ドミニカ島北部の小島。

（7）カルタヘナ：当時スペイン領だったカリブ海に面する貿易港。現コロンビア共和国北部。奥地に埋蔵されていた豊かな鉱山資源の積出港として繁栄するが、そのため海賊や英仏海軍の攻撃にさらされた。

（8）スュルクフ、ロベール（一七七三―一八二七）：フランスの船乗り。フランス政府に認可された私掠船の船長として、革命期、帝政期に、主にインド洋で英国船を多数略奪した。

12　見張り

職人夜警

中世の大都市、特にパリには、怪しげな連中がうようよしていた。ぺてん師、占い師、似非《えせ》病人など、ヨーロッパ中からやって来た大勢の浮浪者が獲物はないかと手ぐすねひいていた。まっとうな人間は、夜出歩いたりはしなかった。人気のない暗い夜道を警備するのは、時を告げながら町中を巡回している夜回りだけだった。治安の悪さにたまりかね、ブルジョワ及び職人らが、火災、殺人、暴力行為、その他あらゆる種類の行き過ぎを鎮圧すべく、自衛による秩序の確立を国王に願い出た。すでに五九五年及び八一三年の王令に、特定の住民にゆだねられた地区の警備に関する記述が見られる。これらの住民は、強盗の捕縛義務まで負わされていた。一一六〇年、ルイ七世により公布された憲章によると、夜の警備は、五つの同職組合に義務付けられていた。その二十年後シャルル六世により公布された憲章では、すべての同職組合に、毎夜十名の男を提供し、三ヵ所に配備することを義務付けている。

各同職組合は、それぞれ十から五十名を統率する「街区長」、「五十人長」、「十人長」の指揮のもとで、順番に夜警を担当した。「夜警監督《クレルク・デュ・ゲ》」と呼ばれる二名の監督官が「当直切符」を配布し、召集された職人らはシャトレにおもむいた。冬は日没、夏は閉門時刻までに[1]。点呼ののち、彼らは地区ごとに配備され、シャトレの歩哨が「夜警ラッパを吹き鳴らす」間中、明け方まで武装して見張りをさせられた。「夜警ラッパ」とは、夜警が警戒態勢を維持するために、一定の間隔で吹き鳴ら

パリの街を巡回する夜警（16世紀）

す角笛のことである。

身体障害者、狂人、出産間近な妻のいる男、職人の親方代表、計量検査官、弁護士、裕福な商人は、この当番義務を免除された。特定の分野の職人も除外された。造幣工、絹物の刺繍師、籠職人、塗装工、石工、カズラ師[2]、川船の船頭、写本装飾師、写字師、飼葉桶の売り子、水牛革の装具師、食肉用動物の皮はぎ人、薬草師、金銀細工師、タピスリーの織師……。どの組合も夜警の義務を免れようと、手立を尽くした。年間負担金を支払う、何日分かの労賃を放棄する、などなど。

免除対象が大幅になりすぎたため、「国王夜警《ゲ・ロワイヤル》」という役職が創設され、六十名の下士官（うち二十名が騎哨、四十名が歩哨）が、「国王巡邏隊長《シュヴァリエ・ド・ゲ》」の指揮下に組織された。「国王巡邏隊長」という肩書が憲兵台帳に初めて登場したのは、一二六一年のことである。これを機に、「職人夜警《ゲ・デ・メティエ》」は、決まった詰め所に常駐する「駐在夜警《ゲ・ダシ》」になり、巡回は国王夜警が受け持つことになる。一五五九年以降、「職人夜警」制度は何度か廃止と復活を繰り返すが、一五六三年に完全に廃止。以後、街頭の治安は、「夜警官《セルジャン・ド・ゲ》」と呼ばれる専門の係官に任されるようになった。

街区長《カルトニエ》

当初「街区長《カルトニエ》」は、市町村庁から選出された役人により構成されていた。所属市町村庁を代表する彼らは、当該地区の住民の治安を維持するため、城壁地帯の警備を義務付けられていた。彼らを指揮するのは、商人頭[3]であり、その命令に従うことを義務付けられていた。民間人というより、軍

パリ市所属の下級警備隊長と国王巡邏隊長（15世紀）

人的立場にあった街区長は、警備をその主要任務とし、当該地区の自警団を指揮していた。彼らには、警備をゆだねられた街路沿いの全住民の動向まで把握することが義務付けられていた。一五六七年の裁決によると、その職務は次のように総括されている。「(市の)城門の鍵の管理を励行すること。昼夜を問わず当城門の開閉はこれらの者の立会のもとに行うこと。城壁に見張りを置くこと。松明《トーチ》及び蝋燭の点火を行うこと。(街路の通行を遮断する)鎖を張ること……」。

一六三三年まで、街区長はブルジョワ階級の人々により選出されていたが、その後彼らは、国選官吏であると自称するようになる。一六七九年の王示で、街区長は金を払えば取得できる職務の一つに組み入れられた。すでに大分前から、街区長はかつてのような軍事的権限を失っており、本来その指揮下にあるはずの自警団は、軍の練隊長の号令のもとに動いていたからである。

街区長の下には、「五十人長」及び「十人長」がいた。彼らは、街区をさらに細分化した、小区画の警備をゆだねられていた。各街区長の指揮下に二名の「五十人長」がいた。職人たちの間では、「五十人長」も「十人長」も引っ張りだこだった。どちらも非常にブルジョワ色の濃い職務だったからである。

フィリップ尊厳王が統治する以前のパリは、四つの行政区域に分割されていたらしく、「街区《カルティエ》」(4)という言葉の由来もここにあるようである。一七〇三年当時、パリは二十の街区を数えるまでになっていた。シテ、サン＝ジャック＝ラ＝ブシュリー、サントポルチュヌ、ル・ルーヴル、ル・パレ＝ロワイヤル、モンマルトル、サントゥスタシュ、レ・アル、サン＝ドニ、サン＝マルタン、ラ・グレーヴ、サン＝ポール、サンタヴォワ、ル・タンプル、サンタントワーヌ、モベール広場、サン

＝ブノワ、サンタンドレ＝デ＝ザール、ルクサンブール、サン＝ジェルマン。

夜回り

いつの時代にも、夜の見回りを職務とする役人がいた。出火を警告したり、悪人に襲われた住民を助けるためである。中世の頃は、ほとんどの家が木造で、屋根も木片でできていることが多かった。家並がひしめいていたので、一軒に火が付くとその地区全体が、時には町全体が焼失した。このため火災予防のための厳しい措置が取られており、職人は灯下での仕事を禁じられていた。夜の八時か九時には消灯の鐘が打ち鳴らされ、その後は、夜回りがランタンを手に、例のお題目を唱えながら町を巡回した。

眠れる者よ、目を覚まされよ！
死者のために祈られよ！

ラテン系の国々、特にスペインでは、夜回りは用心と祈祷をうながしながら、時刻も告げて歩いた。十九世紀初頭のフランスには、まだ夜回りがいた。例えばマルセイユでは、ランタンをかかげ槍をたずさえた夜回りが、のんびり町を回っていた。時刻と気象情報を大声で告げながら。アルザスでは、夜になると、一時間ごとに、哀愁をおびた歌の一節が唱えられ、市民を平和な眠り――寝

泥棒を発見し警鐘を鳴らす夜回り。フランソワ1世時代のパリ

そびれた者には心静かな祈り――へといざなった。中世以来多くの伝統を守り続けて来た国柄だけに、ドイツでは近年になるまで夜回りの姿を見ることができた。彼らは、時には一人で、時には二人一組で、通りを大股で歩き回った。あの独特の、調和の取れた声で起こされるのは、なかなか乙なものだった。とりわけ外国人には。おしなべてドイツ人は、音楽家の資質に恵まれているからである。

夜回り以外にも不寝番はいた。彼らには特定の詰め所があり、例えば、ストラスブール大聖堂の屋上にいた守衛は、大時計が鳴るたびに、もっと荘厳な音色を出す別の鐘で時を告げ直すことを義務付けられていた。この風習は、おそらく守衛を起こしておくためだったに違いない。彼は絶えず屋上の回廊を巡回していなければならなかったからである。市内とその周辺の、火災の発生を監視しながら。

徒刑囚の看守

初め、徒刑囚《シウルム》は矛を構えた兵士に監視されていた。が、矛隊は一七九四年に廃止され、その後は都市や要塞の守備隊が、彼らを監視した。一八一九年、トゥーロン(5)の港に移送された徒刑囚を監視したのもこの守備隊だった。シウルムとは、本来ガレー船に鎖でつながれた漕ぎ手を指す言葉であった。一八三〇年、軍人警備隊の中に、「徒刑囚の看守」という役職がもうけられた。この役職は、非常に細分化されていた。監視官及び巡査官、操業監督官、副操業監督官、獄卒、獄卒補、現場監督官……。司令部は主計尉官、士官、警視各一名により構成されていた。

彼ら軍人警備隊の制服はブルーだった。ズボンには紺碧の縁かがりがほどこしてあり、シャコ帽には錨形の認印のある菱形のプレートが付いていた。二人の巡回警備係が鉄格子を昼も夜も見張っていた。一人は鍵係、もう一人は頭数を数え異常がないか点検する係。そのほかにも、囚人が鎖をヤスリで切ろうとしていないか、鉄鎖を鳴らさせて確かめる係がいた。兵器廠で働く徒刑囚を監視する場合、看守らは、サーベルで武装した。廠内の作業場では弾丸を装填したカービン銃を構えており、各看守は、二人一組に編成された囚人五組を監視していた。軍から派遣された一分遣隊が兵器廠の扉に張り付いており、立ち番が一人常時戦闘態勢で監視し、砲兵らは大砲のそばで見張っていた。

脱走者が出ると、直ちに警告旗がかかげられ、大砲が三発鳴らされる。脱走者の人相書は、海軍軍管区長官、諸憲兵隊など至る所に配られた。脱走者を捕まえた者には、市内でなら百フラン、港内でなら五十フランが与えられた。

徒刑囚に科される多種多様な罰則の中で、最も頻度の高いのが笞《ち》刑だった。タールを塗った直径十五ミリ、長さ六十五センチのロープが棒のかわりだった。裸の腰に左から右に殴打された。肉が破け、たちまちできた水疱は鞭の下でやぶけ、やがて血が一条の溝になって流れた。続けて二十五回以上打つことは禁じられていた。

暴動を起こした者は、死刑に処せられた。一八二四年、ムーリヨンの兵器廠で働かされていた徒刑囚が暴動を起こした時、徒刑場の指揮官は直ちに看守を召集。裁判もせずに容疑者全員を銃殺した。

監獄に護送される徒刑囚の列は「鎖」と呼ばれていた

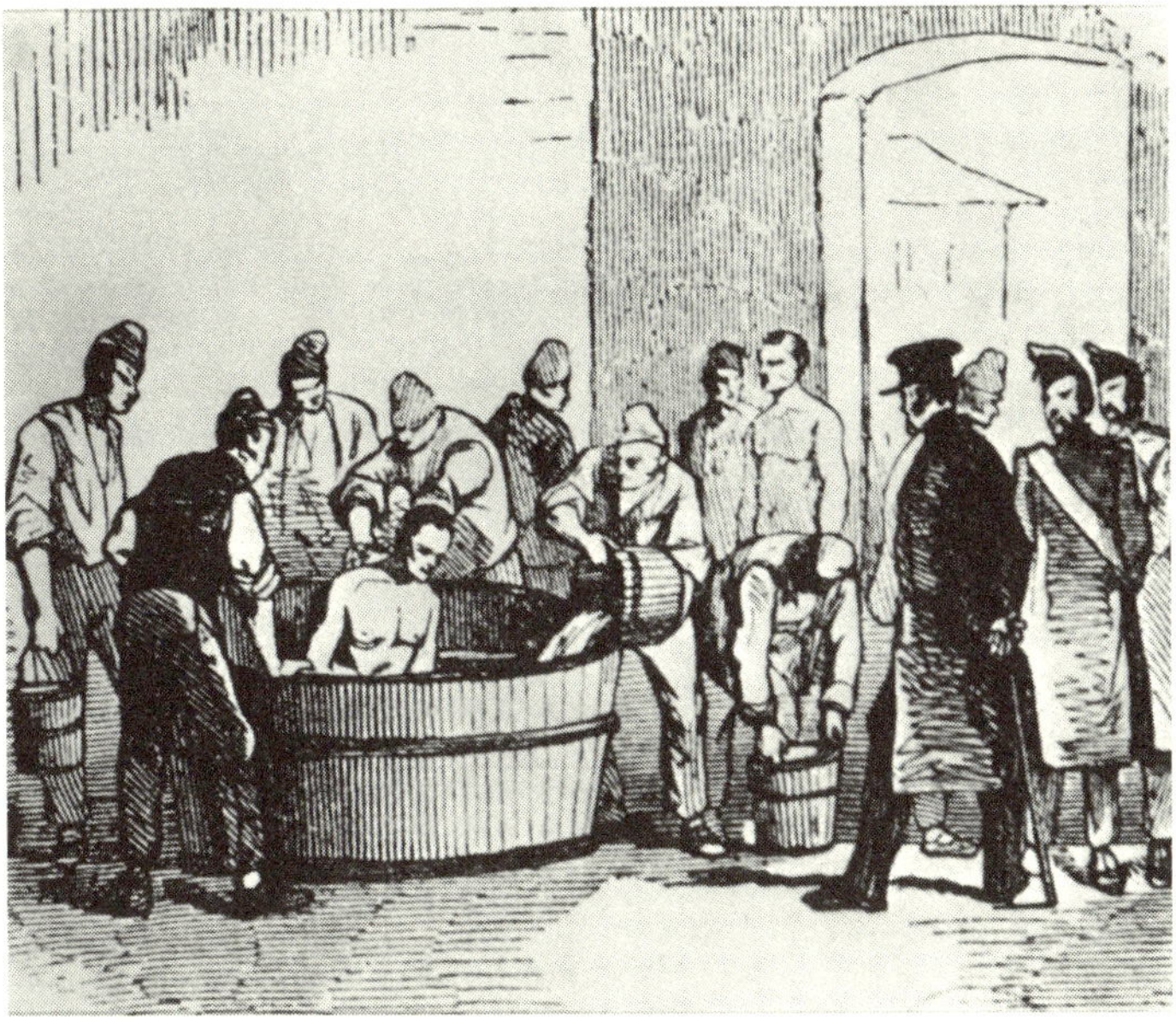

看守の監視下での、徒刑囚の入浴。トゥーロンで

死刑に際しては、徒刑場の中央に死刑台が築かれた。兵士が戦闘隊形に整列。四丁の銃に散弾が込められ発射準備が完了すると、徒刑囚らが、ボンネットを手にひざまずく。正午、受刑者が鎖につながれて現れる。大砲が一発鳴らされ、死刑執行人が任務を遂行する。

当時、徒刑囚らは、看守に見張られながら、パリからトゥーロンまで鎖につながれたまま踏破した。

【訳注】

（1）閉門時刻：中世都市で励行されていた、帰宅消灯を告げる鐘とともに都市の城門を閉ざす時刻。

（2）カズラ師：司祭がミサではおる袖なしの外衣の仕立て師。

（3）商人頭：パリ、リヨン市政府の首席役人で他の都市の市長に当たる。

（4）街区《カルティエ》：quartier は、本来「四分の一」の意味のフランス語。

（5）トゥーロン：地中海に臨む軍港都市。かつてガレー船（一七四八年に廃止）の港だった。

13 苦役

担ぎ人足

一七八五年、「パリ市内運送会社」という名の企業が設立され、小包、梱《こり》、家具、商品が、首都圏内で迅速に運ばれるようになった。この新商売は、パリ市民にとっては便利だったが、「担ぎ人足」すなわち中央市場の運搬夫、沖仲仕、使い走りの便利屋らの猛反発を買った。怒り心頭に発した彼らは、新企業の雇用人を迫害した。一七八六年一月三日、モベール広場の近くで血みどろの闘争が起こり、死者二名、負傷者若干名、無数の逮捕者を出した。同月十二日、千五百から二千名の不満分子がルイ十五世広場〔現コンコルド広場〕に集合し、ヴェルサイユ宮殿に向けて行進を始めた。当局はこれを黙認した。デモ隊を迎えたポワ大公は、彼らの陳情書を国王に

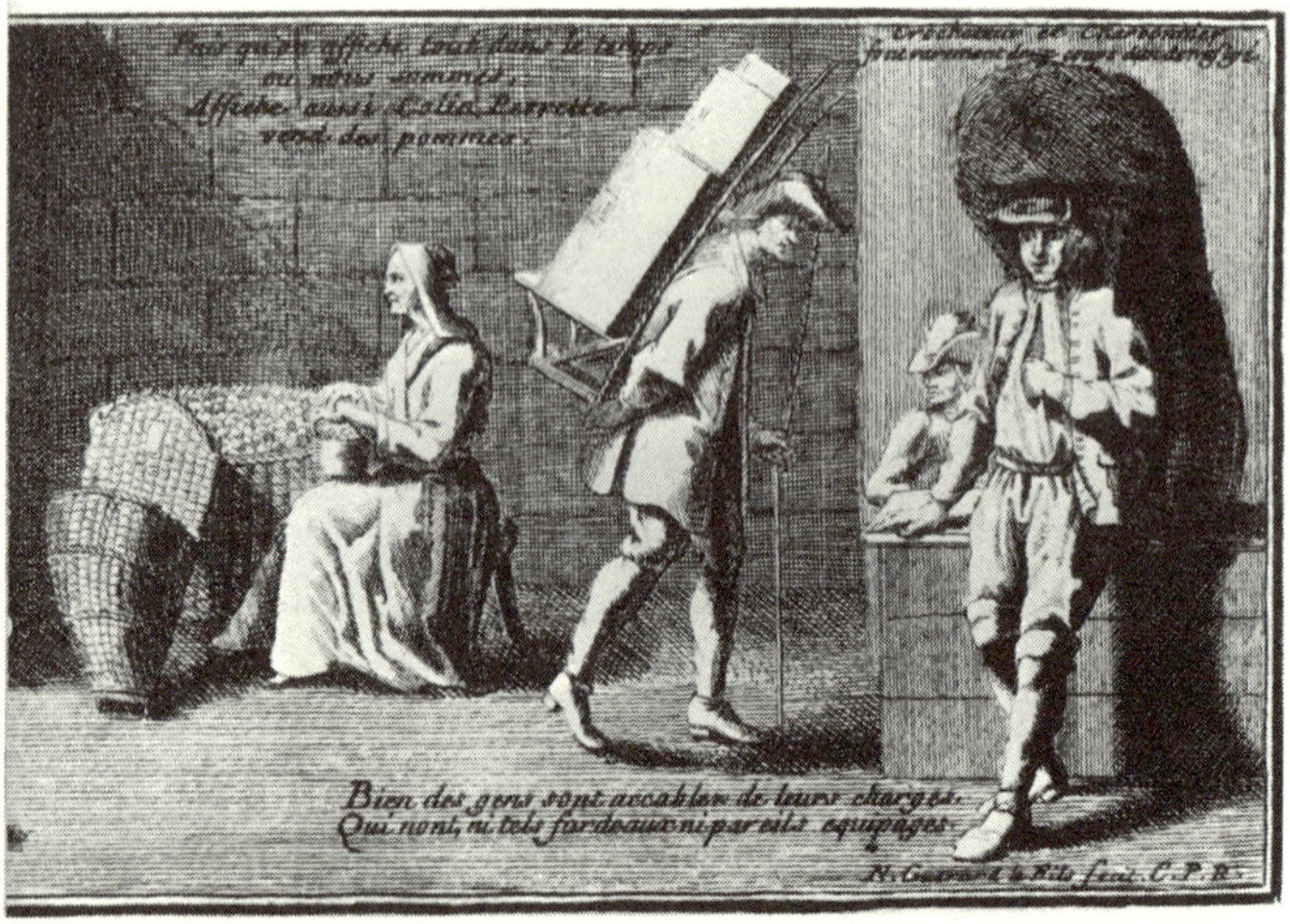

担ぎ人足。「重荷にあえぐ者は大勢いるが、彼らほどの重荷を負っている者がいるだろうか」

提出。が、ルイ十六世はこれを黙殺した。シャトレ裁判所は逮捕者を徒刑に処するとの判決を下したが、高等法院《パルルマン》はこれを首かせの刑に減刑した。

「担ぎ人足《クロシュトゥール》」とは、あらゆる種類の重い荷物を担架状のしょいこ《クロシェ》に乗せて運ぶ肉体労働者のことである。一二九二年度のパリ市人頭税台帳には、すでに、この種の人足四十二名が、「荷物運搬人《ポルトゥール》」の名で記載されている。一六二七年の王令によると、彼らは仲間組合の設立を禁じられているが、これに背いてクリストフォロスを守護聖人にいただき、その庇護のもとに身を置いていた。クリストフォロスとは、幼いイエスを肩に乗せて川を渡った聖人である。

梱包者斡旋所が次々に誕生するのは、ルイ十四世の統治が始まった頃のことである。それまではクロシュトゥールが、卸売業者の荷物の梱包と運搬を一手に引き受けていた。グレーヴ港[1]と結び付けて、人々は彼らを「グレーヴの天使」と呼んでいた。背中のクロシェが天使の翼に似ていたからである。クロシェを支えている二本の背負い紐《ブルテル》にちなんで、「負い紐《ブルテルール》」と呼ぶこともあった。

港の縁石に寄りかかって、天使らは仕事を待った。彼らの妻も、夫同様、重い荷を運び、へべれけになるまで酒を飲んだ。彼らが「パリ市内運送会社」の設立を快く思わないのも無理はないと、世間は同情の眼で見ていた。

王様のおまる係と棉《ワタ》係

ルイ十四世時代、座部に穴のあいた椅子が、ほとんど荘厳とでも形容すべきご大層な家具になった。王様の穴あき椅子がいつなんどきでも万全の状態で使用できるよう気を配り、必需品を整え、陛下の御座所まで運ぶのが、「おまる係」及び「棉係」の肩書を持つ二人の貴族の役目だった。この特権的職務には、必ず二人一組で当たるものとされ、どちらが欠けてもならなかった。彼らには国王直属の臣下にのみ許される、さまざまな免責特権が与えられていた。これをおおいに利用しつつ、彼らは、ビロードの服に身を包み腰に剣をたずさえて、仕事にいそしんだ。就業期間は半期交替、給金は六百リーヴルだった。ただ、このポストを得るためには大枚二万リーヴルが入用だった。同様の役職は、王妃および第一王子の館にもあった。ここでは、貴婦人が椅子と棉《わた》を持って控えていた。王冠に近付くためなら、いかなるものもかぐわしく感じられたというわけである。

しかし、ルイ十六世治下になると、この任務を果たす者を貴族の中から見つけ出すことはもはや

「穴あき椅子」に座っている貴婦人。侍女がレースのナプキンを渡している。マントノン夫人はメリノウール、リシュリューは麻の繊維を使用。ブルジョワ階級は麻屑、貧民階級は草や小石を使っていた——当時、紙はまだ貴重品だった（ルイ14世時代の版画）

本を積み上げた形の「穴あき椅子」（ドルドーニュのラモット＝フヌロン城）

不可能になる。かわりに二人の平民が、この名誉あるポストを、〔大金を払って〕手に入れた。一人は仕立て屋、もう一人は陶器商だった。彼らは、王様がお使いになったナプキンを頂戴することができた。この頃には、棉《わた》のかわりに布製のナプキンが使われるようになっていたのである。

「足踏み」

水辺か水源の近くに設置された貯水槽に汚れ物を浸し、足でばんばん踏み付けて汚れを押し出すというのが、衣服の最古の漂白方法だった。古代ギリシャ・ローマ人の衣服や下着の大半はウールだったので、手でごしごしこするより、足で踏み付ける方が簡単だった。このため、さらし工は「足踏み」と呼ばれていた。スコットランドのアベルディーンの洗濯女は、十九世紀になってもまだこの方法を用いていた。スカートの裾をからげ、脚もあらわに、大ダライの中のランジュリーを陽気に踏み付けている娘らを描いた版画も残っている。その頃、フランスの洗濯女は、すでに見たように、大きな叩き棒でランジュリーを叩いていた。そのあとのアイロン掛けも彼女たちの仕事だった。

古代ギリシャ・ローマ時代には石鹸がなかったので、油分を吸収もしくは乳化させ得る物質を水に加えなければならなかった。当時の人々が用いたのは、尿、白亜、粉末状の石膏、サポンソウ、粘質の土〔酸性白土〕などである。プリニウスの時代には、石鹸がわりに膨大な量の尿が用いられた。このため、尿の収集方法がいろいろ考案された。「足踏み」らは街頭や居酒屋の前に土製のカ

「足踏み」をするスコットランドの洗濯女

メを置き、酒飲みや通行人がそれを満杯にすると、ただちに別の容器に移しかえた。プリニウスは、獣尿より人尿の方が好まれたとも語っている。人尿の方がアンモニアの質が良いというのがその理由だった。子供の尿はとりわけ効力があるとみなされていた。おそらく、なんらかの神秘的な連想が働いたためと思われる。

使用されていた漂白剤の諸成分を考えただけでも、「足踏み」らの周辺がいかに悪臭ふんぷんたるものだったかは、察しが付く。彼らの仕事場の前を通る時、人々は鼻をつままなければならなかった。ネロやヘリオガバルス[2]は新品の服しか身に付けなかったというが、それにはそれなりのわけがあったのである。

水売り

一二九二年度の人頭税台帳によると、当時パリには「水売り」が五十八名いた。彼らの姿は昔の写本画でもよく見かける。両端に桶のぶらさがった天秤棒を肩に掛け、巧みにバランスをとりながら、通りを巡り歩いていた。

水はいらんかねー

水売り。桶で運ぶ者

誰が飲んでも平気だよ
四元素の一つだよ……

セーヌ川のモベール広場からポン＝ヌフにかけての水は「汚染のため」汲んではならない、という通達が水売りには出されていた。ルイ十二世〔在位一四九八―一五一五〕治下では、ベルヴィルおよびプレ＝サン＝ジェルヴェの水道が十六の公共給水所に水を供給していた。一六四三年、パリには三十の給水所があり、原則として、水売りはここで飲料水の桶を満たすよう義務付けられていた。しかし、給水所では召使相手に、のべつ小競り合いを起こしていたので、警察が仲裁をしなければならないこともままあった。

十八世紀になると、昔の「天秤棒」のかわりに、幅広の革バンドが用いられるようになる。水売りはこれを肩から斜めに掛けた。バンドの両端には鉄のフックが付いていて、そこに桶をぶら下げ

水売り。樽で運ぶ者

る。桶はごく薄いブナ材で、それぞれの桶には、歩行中水がぱしゃぱしゃ跳ねないように、丸い板の「落とし蓋」が浮いていた。前後の桶の間には、小幅の頑丈な板でできた、人一人入れるくらいの輪というか、正方形の枠が取り付けられていた。運びやすいよう、桶を一定の距離に保っておくためである。

　革命が起こる数年前のパリには、約二万人の水売りがいた。ほとんどがオーヴェルニュ地方の出身者だった。桶二つ分の水一回の運び賃は、二階と三階が二スー、それ以上の階はすべて三スーだった。「樽を二、三個積んだ二輪車を馬に引かせて、パリの石畳を行く水売りの姿が見られた。中には、年間三千フランも稼ぎ出す者までいた。金がたまり、故郷に引き上げる際には、お得意さんをなにがしかの金で仲間にゆずった。水売りの営業権を得るためには、用具代別で、千二百リーヴルを組合に納入しなければならなかった」と、L．プリュードムは記している。

　水売り組合は結構ボロイ商売をしていた。時々、給水所以外から無料《ただ》の水を汲んできては、なにくわぬ顔で配達し、荒稼ぎをしていたからである。パリジャンは、何本もの下水道の水が流れ込むセーヌ川の水を、少なからず飲まされていたのだった。

駕籠かき

『才女事典』〔一六六〇〕では、駕籠《かご》かきは「洗礼を受けた雄ラバ《ミュレ・バプティゼ》」という見出し語のところに記載されている。一七七三年に出版された、ジョベール神父編纂の辞典には、もっと正確な記載がある。「二人の男が前後から、両肩に掛けた背負い革で椅子の柄を支える。椅子には、揺さ振られずに目的地まで送ってもらいたい者が、道すがら、あらゆる罵詈雑言を浴びせられるのを覚悟の上で、スッポリおさまる」。実際には、揺さ振られずになんてことはあり得なかった！　モリエールの『才女気取り』で、マスカリーユは言っている。「やれやれなんてこった！　オイ、駕籠屋！　アー、アー、アー、ア、この雲助野郎が!!　お前ら、壁だの舗道に思い切り駕籠をぶつけて俺様を粉々にしようって魂胆だな」。

募集方法にかなり問題があったにせよ、親方らは駕籠かきに一目置いていた。気性がひどく荒かったせいだろう。十七世紀後半頃から馬車や駕籠が急増したため、通りはどこも混雑をきわめていた。その真っ只中で、駕籠かきは先を争い、のべつ喧嘩騒ぎを起こしていた。ほとんどが札付きの悪党だったが、稼ぎは比較的良かった。ルイ十四世付きの四人の駕籠かきは、四百リーヴルの給金に加え百五十リーヴルの特別手当をもらっていた。マルゴ王妃(3)は、彼女の駕籠かきだったシャル・ギリエに一万リーヴルを譲渡するよう遺言している。

一七三六年青駕籠が公営になり、担ぎ手である「洗礼を受けた雄ラバ」に特別行政命令書が発布された。これを読むと、当時の駕籠かきの実態がよくわかる。「駕籠かきは、町の中だけでなく宮中や城内の回廊でも連日悶着を起こし、仲間喧嘩をし、一般人まで巻き込んでいる……。夜は浮浪者が駕籠に寝泊まりしているため、内部はノミやシラミ、悪臭に満ちている……といった苦情もある。駕籠かきはおおむね不潔で粗末ななりをしており、服の色も不統一だ……」。そんな彼らに、ブルーの制服着用が義務付けられることになったのである。王侯貴族が、お供の者に支給していた

駕籠かき

お仕着せと同じ色だった。

一七三八年の王令で、公営の駕籠には番号を付けることが義務付けられた。縦二プース〔六センチ弱〕の白字で書いた番号を駕籠に付けること、これに違反した者は、駕籠の没収及び八日間の禁固刑に処するというものだった。また協定料金を上回る運賃を強要することも禁じられており、違反すれば解雇及び八日間の禁固、公共広場への立入り禁止。累犯の場合はこれに加えて首かせの刑も科せられた。

終日、つまり朝から夜の九時までが四リーヴル四スー。朝から正午までの半日が三リーヴル二スー。正午から夜九時までの半日が三リーヴル。訪問、婚礼、洗礼式のための半日走行が一リーヴル四スー……。

一七六〇年、青駕籠はパリ市内のいくつかの地区に割り振られた。もっとも配分台数が多かったのはパレ＝ロワイヤル広場とサン＝ジェルマン＝デ＝プレ広場で、それぞれ事務所が四軒あり、各広場には青駕籠会社所属の駕籠かきがいた。「会社に所属せず、もぐりで客を運ぶことは」禁止されていた。青駕籠会社の採用試験では、志願者は将来の同僚を「指定された」地点まで運んで、その力量を証明しなければならなかった。

最後に、「取り次ぎ人《アボワイユール》」について簡単に触れておこう。これは、古くからの慣習にのっとって、大邸宅や大規模な集会所、招待客の大勢集まる祝宴会場などの入口で、来客の名を大声で呼び上げ《アボワイエ》るのを職務としていた人たちのことである。(4)

「……男爵夫人のおーカゴーー」、「……閣下のおーカゴーー」。

人力車夫

「人力車《ヴィネグレット》」は、前項の駕籠を二つの大きな車輪の上に取り付けただけのもので、「ブルエット」とも呼ばれていた。人力車の発明者についてはさまざまな説があり、まだ結論は出ていない。一六六九年にデュパンなる人物が考案したとする人たちがいる一方、マロトリュ神父かサン＝マルタン神父だとする人がいる。ともあれ、初めて人力車に乗って人前に姿を現したのは、サン＝マルタン神父である。「ヴィネグレット」という名がこの乗物に付けられたのは、行商の酢売り《ヴィネグリエ》やマスタード売りが樽を積んで運んでいた、小さな荷車《ヴィネグレット》に似ていたからである。

わが国初の「納税済証紙《ヴィニェット》」を張られる光栄に浴したのは、人間が腕で引っぱっていたこの乗物だった。この納税証紙は、現在の自動車用納税証紙に不思議なくらいよく似ている。一六八〇年、シャトレ裁判所は、人力車の製造人らに、買い手が初年度分の課税金二リーヴルを支払うまで納品を禁ずると宣告した。申告された人力車には、徴税吏が証紙を貼り付けた。

人力車による輸送手段は、あっという間に普及した。一六八六年、フレネイ・ド・リヴィエールなる人物が、パリで公共の人力車会社を設立する許可を得た。この乗物については、ダンジョー(5)、サン＝シモン(6)、マダム・ド・セヴィニェ(7)らが繰り返し語っている。人一倍これを利用していたマダム・ド・マントノン(8)も、「結構な輸送機関ですこと」と賛えている。

その後二百年経っても、人力車はまだ健在だった。文学者のブシェー・ド・ペルトは、その事典『人間と物質』〔一八五一〕の中でこのために二頁を割いている。「一八四八年、一部の警世家が、人を乗せて車を引くことは人間性を貶める行為であり、有権者や被選挙資格者が人力車を奨励するのは勝手だが、いたずらにこれに熱中すべきではないと考えた。そこで彼らは手始めに人力車夫をなくそうとした。しかし、選挙よりスープの方が大事だし、現状に満足していた車夫らは、市民の第一の権利は自らの職業で身を立てることであると主張。これはまっとうな人間が当然得るべき権利だし、第一、背後に人を乗せて走るのは、犬を腕に抱くのと同様、人間の品位を下げるものではない、というのである。この論理は万人を納得させた。こうして人力車は、自由、平等、友愛という厳粛なスローガンに彩られることになった。貴族やブルジョワは、従来通り何の気がねもなく、自由に人力車にうつつを抜かし、車夫らは、友愛の情を込めて、貴族たちの言いなりに、過酷な労働に励んだ」。

時には車夫を一人しか雇わない倹約家もいた。そうなると、ほんのわずかの坂道でも車が後退りしてしまい、客はそのつど車から降りて後押しをする破目になる。かつて、ある夫婦が夜会に出かける際、奥方だけが車に乗った。車内はギャザリングだかクリノリンでかさばったドレスで満杯。

しわくしゃにしてはならじと、ご亭主は馬番の近習よろしく伴走した。会場に着いた時、彼は全身泥まみれだった。これもまた昔の話だが、ある車夫がうっかり梶棒を放してしまった。景気付けに、ちょっと一杯のつもりが度を過ごし、酩酊状態だったのである。梶を取る者がいなくなった人力車は横転し、車軸を軸にぐるぐる回り、真っ逆様に引っ繰り返った。乗っていたブルジョワ風の旦那は、車夫が車を元に戻すまで、ずっと逆立ちさせられていた。

そんな人力車も一八八八年に姿を消した。少なくとも公共の輸送機関としての人力車は。

貸し風呂屋

金属の風呂釜が登場したのは、十八世紀も後半のことである。それまでのものは木や大理石でできていた。イタリア座のゲアン嬢宅で発見されたのも、金属の風呂釜だった。この「貯水槽、コンロ、かまど付き純銅風呂釜」は、一七六二年、競売で落札された。オペラ座のドヴィーズ嬢がブルボン街のアパルトマンから夜逃げした時（一七八八）、残していった唯一の家具が、「大型止水栓を装備した、純銅シリンダー付き純銅風呂釜」だった。

彼女らの所属する優雅な世界に風呂釜を一手に納入していたのが、鍋釜製造販売業を営むウーエルという人物だった。同業者の多くがそうだったように、彼も、風呂釜を買えない人には賃貸ししていた。料金は、銅釜一個につき一日二十スー、木の浴槽が九スー。いずれも湯沸かし用のシリンダー付きだった。

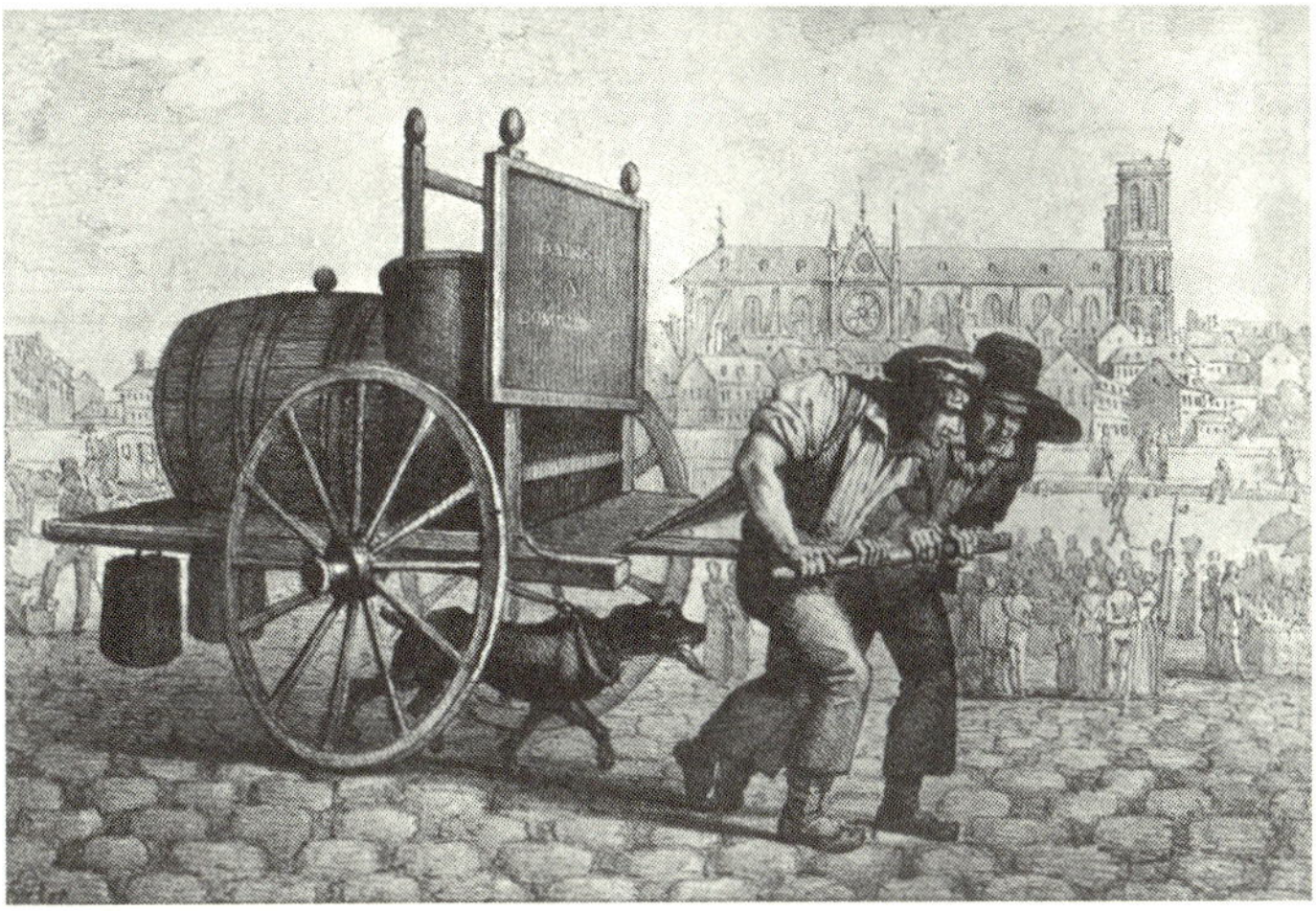

風呂の出前（J. H. マルレによるリトグラフ）

当時、水は貴重品だった。しかも運搬が非常に難しかったので、人々は古代ギリシャ・ローマ人が使っていた座浴用の浴槽を手本にした。これなら水の量が少なくてすんだからである。マラーがシャルロット・コルデイの刃を受けた時入っていたのも、この種の浴槽だった。

貸し風呂屋は、風呂用の水も配達した。大きな石畳を敷き詰めた道で、屈強な男たちが、風呂釜と水の入った桶を積んだ大八車を、うんうん言いながら引く姿が見られた。客のところに着くとまず釜を担ぎ上げ、次に水桶を持って上がらなければならなかった。ベル・エポックの頃になっても、貸し風呂はまだ利用されていた。しかし、水はもう配達されていなかった。配水管が普及し始めていたからである。

移動便器屋

一七六三年頃、あるフランス人実業家が、スウィフトからヒントを得たと思われる企画をド・ラヴェルディなる人物にゆだねた。スウィフトは、『便器について思いを巡らすことの極意』と題する著書（一七二九）の中で、ロンドン市内に公衆便所を設置するよう提案している。前述の実業家も、「緊急を要する人々を受け入れられるような、便器を備えた固定式手押し車を、街頭の要所要所に」設置したいと考えたのである。歓迎されてしかるべきアイディアだったが、実際にはあまり歓迎されなかった。その証拠に、このアイディアが、警視総監のド・サルティーヌ氏（一七二九―一八〇一）により実現されたのは、それから八年もあとのことだった。彼は、「王の名において、罰金及び体罰により、名望ある人々が排泄の欲求を満たすのを禁ずるという、非人間的な行為を防止するため、すべての街角に便器用の樽を配備させた」（『鎧を着た新聞記者』一七七一）。

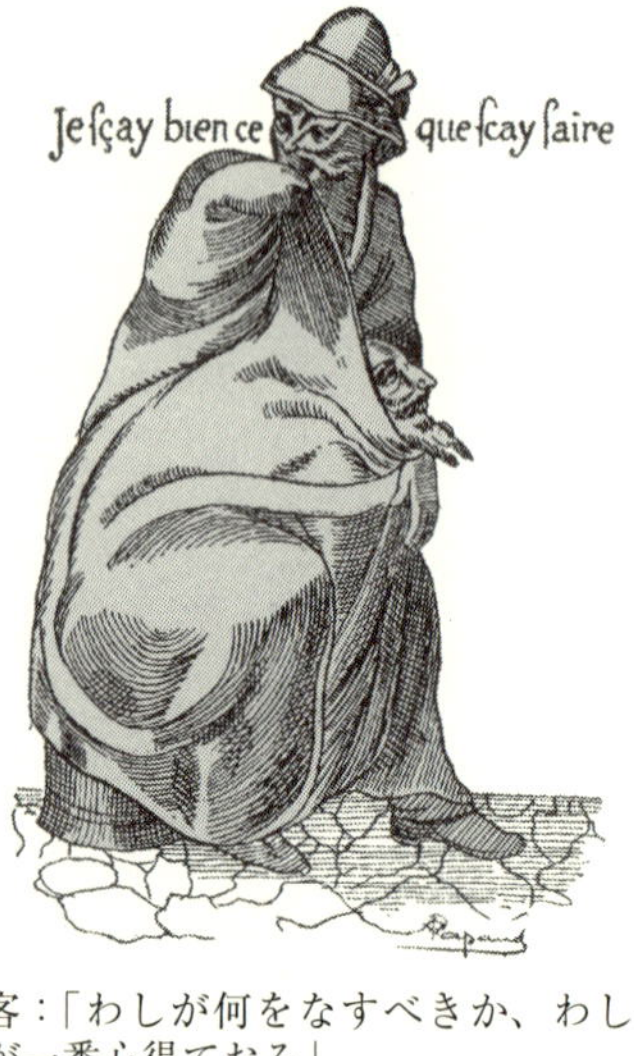

客：「わしが何をなすべきか、わしが一番心得ておる」

ド・サルティーヌ氏の樽はそれなりの成功をおさめた。しかし、彼が思いも付かなかった、もっと便利な物を考え出した者がいる。一七八〇年頃のこと、ある人物が折りたたみ式の便器を考案したのである。「その男は腕に便器をかかえ、部屋着姿で通りをぶらついた。男は時々大きな声で、『何をなすべきか、それは言わずと知れたこと!』と叫んでいた。そして一回の使用料に四スー取っていた」〔プリュードム『パリ今昔物語』〕。

アンリ・モニエ(1799–1877)の風刺画

カデ・ド・ガシクール氏(9)がウイーンで見たのも、ほぼ同様の方式だった。彼はこんな風に描いている。「ウイーンには実に奇妙な風習があり、そのおかげでこの町の街路は清潔に保たれている。何人かの奇特な男が投機的な思惑がらみで、広場や公共建造物付近のあまり人気のないところに、ふた付きの木桶を持ち、大きなコートを着て立つことを思い付いた。桶は椅子の役目も果たした。下半身から円状に広がるコートは、とてもたっぷりしているので、客はその中で、誰にも見られず下着を脱ぐことができる。この束の間の使用料は、二クルツェールだった」。

残念ながら、人間は、いまだかつてものごとの進歩を正当に評価できたためしがない。便器屋の一人が、その後こんなことを言っていた。

長い外套身にまとい、
おいらは町中歩き回った、
立ち……用の大桶二個持って。
今じゃ誰もが、どこでもしてる、
もうお節介なんかしてやるもんか、
人助けなんて無駄なこと。

【訳注】

（1）グレーヴ港：パリの労働者が仕事を求めて集まったセーヌ河畔の港。市庁舎前の広場までなだらかな傾斜をなして続いていた。25頁の注（12）参照。

（2）ヘリオガバルス（二〇四—二二二）：ローマ皇帝（在位二一八—二二二）。シリアの太陽神の司祭であったが、軍隊に推され十四才で帝位につく。統治は乱脈をきわめ、市民の不満を買い暗殺される。皇帝としては、アウレリウス・アントニヌスと称した。

（3）マルゴ王妃（一五五三—一六一五）：マルグリット・ド・フランス（ヴァロワ）の愛称。アンリ二世の娘。アンリ・ド・ナヴァール（後のアンリ四世）と結婚、美貌と才知により文学界にも君臨した。

（4）大声で呼び上げる：aboyer（原義は「吠える」）。「取り次ぎ人 aboyeur」はその派生語。

（5）ダンジョー（一六三八—一七二〇）：フランスの回想録作者。廷臣として国王に仕え『ルイ十四世の宮廷記録 *Journal de la cour de Louis XIV*』を残す。

（6） サン＝シモン（一六七五―一七五五）：フランスの作家、政治家。ルイ十四世下の宮廷生活を描いた『回想録 *Mémoires*』がある。

（7） マダム・ド・セヴィニェ（一六二六―九六）：フランスの書簡作家。死後発刊された書簡集は歴史的資料としてだけでなく、文学的にも第一級のものとして愛読され続けている。

（8） マダム・ド・マントノン（一六三五―一七一九）：ルイ十四世の寵姫。最初の夫である詩人スカロンの死後、ルイ十四世と秘密裏に結婚し、富と権勢を得る。

（9） カデ・ド・ガシクール（一七六九―一八二一）：フランスの文学者、薬剤師。一八〇九年、オーストリア遠征したナポレオン軍に主任薬剤師として従軍。

14 女性の仕事

糸紡ぎ

『糸紡ぎ棒の聖典』という小冊子がある。十五世紀の中流階級の慣習を知る上で、最も貴重な資料の一つだ。その中に、「各自、糸紡ぎ棒や糸紡ぎ器、麻、モノサシ、かせ繰り機などを持参して訪れた、知人に取り囲まれるユザンリヌ夫人」の姿が描かれている。いかにも和気あいあいとした、夕食後の団らんの図だ。糸紡ぎをするために集まる習慣は、古くからあった。冬、暖房や照明は、一人だろうと数人だろうとさして変わらない。倹約の精神から、隣近所の人々が寄り集まろうと考えるのは自然である。しかも、動かすのは指だけで、なんら思考の妨げにはならないし、ほとんど音も立たないから、おしゃべりをするにはもってこいの仕事だった。

何千年もの間あらゆる階級の女性がたずさわってきたこの仕事が衰退し始めたのは、十九世紀になってからのことである。王妃たちでさえ、なぜかこ

ルネサンス時代の糸紡ぎ部屋。ヨーロッパの各都市や農村には、公共の糸紡ぎ部屋があり、重要な社交場となっていた

の仕事には敬意を払っており、このことは、さまざまな物語を通して伝えられている。ポール＝ロワイヤルの修道女らが、難解きわまりない神学問題について討論しながら、糸を紡いでいる様子を描いた版画も残っている。十七世紀末、銅版画家のボナールは、糸紡ぎに没頭する三人の貴婦人の姿を借りて、ローマ神話の運命の三女神《パルカ》(1)を描いている。一八三〇年頃まで、方々の城や都市の館では、夜になると、貴婦人が召使らと糸紡ぎをする姿が見られた。

一方、繊維産業が盛んだったフランドルやブルターニュ地方には、糸紡ぎを生業とする女工が無数にいた。繊維関係の職業の中でも、これは最も実入りの悪い仕事だった。十八世紀末、ノルマンディー地方の帯状林地帯の紡績工の賃金は、わずかばかりの食糧と六リアールだった。明け方から夜まで立ちっぱなしでウール糸を紡いだ報酬が、たったこれだけだった。オート＝ブルターニュ地方の腕の良い女工は、一日当たり十リューもの長さの糸を紡いだという。

西部地方の紡績工はそんなことはなかったが、ドーフィネ地方〔フランス南東部〕の女工の素行の悪さは有名だった。ドーフィネの紡績工と言えば、娼婦の代名詞だったほどである。しかし、紡績機の導入により、彼女らの雇用は、西も東も、身持ちのよしあしも関係なく、徹底的に削減された。

泣き女

古代ギリシャ・ローマの泣き女は、定められた瞬間によよと泣きくずれた。それが当時の葬儀の慣例だった。原則として、死者に対し三度呼び掛けが行われるとすぐ泣き始めることになっていた。

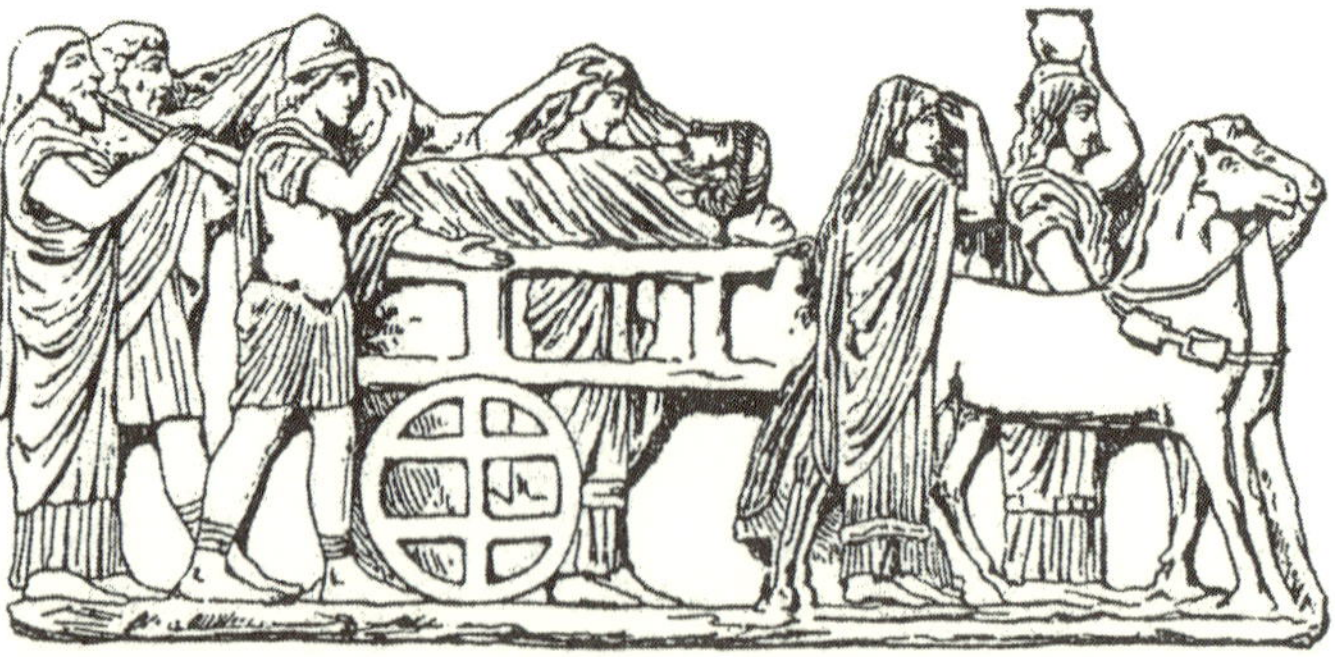

ギリシャ時代の葬列（ピレウスの陶板より）

葬列が火葬台に向って進む間、彼女らは歌を歌った。その内容は、おおむね、運命に対する月並みな嘆きか、故人の来歴にまつわる賛美だった。泣き女は髪の毛を掻きむしり、盛大な葬儀ともなれば、胸を爪で引っ掻いた。地獄の神々は血を好むと古代人は考えていたからである。この場合、女らは、いつもよりずっと多くの心付けをもらった。

フランスでも中世には、葬式に泣き女が付くことは珍しくなかった。彼女らは一ドゥニエと引き替えに、墓地まで会葬者に付き従った。十九世紀末でさえ、慈善局と病院を通じてパンと金が貧民らに与えられていた。特定の数の乞食が贈与者の葬儀に従うことが条件だった。同様のことはイギリスでも行われていた。つまり、この頃になると人々は泣き女をあきらめ、その埋め合わせに貧民を使い似たような役割をさせていたのである。

貧民を大勢、場合によっては百人以上も、集めるのが当時の人々の自慢だった。手に手に松明《トーチ》を持った貧民が、ぞろぞろ葬列に付き従い、役目が終わると、全員が施し物をもらった。ただ、親族と同様、彼らの式服代も相続財産の中から支払われた。ただ、親族がみな、引きずるように長い、黒のドレスやコートに身を包んでいたのに対し、貧民は、黒い紡毛のチュニック風上着で満足しなければならなかった。親族には、顔がすっぽり隠れそうな「目深な」頭巾も配られた。泣いているかどうか、傍目にわからないようにするためである。

ランジュリー

原則として、「ランジェール」と言えば亜麻布《ラン》を売る女性商人、「シャンヴァシエール」と言えば麻布《シャンヴル》を売る女性商人を指した。ランもシャンヴルも下着用《ランジュリー》の素材である。イノサン墓地の近くに商品を陳列しても良いとパリのランジェールに許可したのは、ルイ聖王である。やがてこの通りはランジュリー街と呼ばれるようになった。

十三世紀中葉、ランジェール組合には男女同数の組合員がいた。ジャン・ド・ガルランドは、その『事典』〔一二五〇年頃執筆〕の中で、本来これは女性がたずさわるべき職域なのに、男がこんなに進出するのは不当だと苦言を呈している。とはいえ、ギユメット[2]・ラ・ポムは、ブランシュ・ド・ブルボンの御用商人だったし、ジャンヌ・ラ・

コット（15世紀）

ブリエイズはイザボー・ド・バヴィエールの御用商人、ロビネット・ブリズミシュは、シャルル六世を顧客にしていた。その宮廷への浸透ぶりからも、当時、亜麻布関係の商売がいかに繁盛していたかがわかろうというものだ。

一五七二年、「シャンヴァシエール」は、ランジェールの共同体に組み込まれた。こうして両者は、「平織物・亜麻織物・キャンバス地取扱い女性業者」の肩書を得ることになる。ランジェールの集団がこのように拡大したのは、亜麻地製品の飛躍的な発展によるものだった。これらの女性商人は、王侯貴族にリネン類を供給しただけでなく、公式行事などの場合には賃貸しもした。注文があれば、ワイシャツやジュポン、ナイトガウン、コット、ボンネットの裁断もした。裁断されたものは家庭の主婦や娘らが縫っていた。

十八世紀初頭、ジャック・サヴァリ〔一六五七―一七一六〕はその著作、『商業事典』に次のように記している。「規約にのっとり、いかなるランジェールも、品行方正な者であり、カトリック教徒で、四年間の見習い期間を経たのち、売り子として二年間務めた経験のある者でなければ認められず、店を持つこともできない。既婚婦人は、認められないこともありうる。女親方は一度に一名以上の見習いを雇ってはならない。ランジェールが売ることのできる商品は、卸と小売とを問わず、あらゆる種類の亜麻及び麻地（バチスト、ローン、カンブレ、オランド、厚手及び薄手のキャンバス地、白及び生なりズック地、中古及び新品のラシャ、白及び生なりの糸）、あらゆる種類の布製品（ワイシャツ、ズボン下、折り返し衿、ソックス、スリッパ、並びにその他の類似品）である」。

これ以外にも、ランジェールらは、禁制品を手広く売りさばいていた。カットレース、ヴェネチアンレース、フランドルレース、ギピュール〔厚手レース〕などが、無数の奢侈制限令にもかかわらず、大々的に商われていた。すでに一六三六年、リシュリューは記している。「パリは取り締まりが手薄であるという苦情が、連日のように国王のところに持ち込まれている。中でもランジェールらは、フランドルのトリミング用レースをいまだかつてないほどの高値で売っているという」。

聖ルイと聖ヴェロニクの守護のもとに、ランジェール組合は、四名の親方代表により運営管理されており、その内二名は毎年改選されていた。彼女らは、検察官の前で宣誓することを義務付けられており、一人は既婚もう一人は未婚の女性だった。この組合の規約にはいくつか特殊な項目があったが、そこには、いかなる女親方の夫も代表者会議に出席することはできない、という一文も含まれていた。このような法規のもとで、ランジェール組合は、アンシャン・レジーム末期まで運営されていた。

ランジェール組合の幹部は、長い間、高等法院宮殿《パレ・ドュ・パルルマン》の回廊に店を出していた。貴婦人が殺到し応対にてんてこまいの、美しい「ノゲット」らの様子が、多くの版画に描かれている。ノゲットとは、同宮殿の出店に売り子として特別に雇われていた娘のことである。

羅工《ガーズ》

レティフ・ド・ラ・ブルトンヌ(5)の言葉を信じねばならないとしたら、羅工《ガーズ》(6)の振舞は、彼女らが作り出す製品の軽やかさや優美さとは正反対だったことになる、とセビヨ(7)は言っている。ガーズ工について語っているただ一人の作家、ラ・ブルトンヌによると、彼女らはおそろしくはすっぱで、その言葉遣いたるや魚屋の女将よりもっとぞんざいだし、身持ちは言葉遣いよりもっと悪かった。「稼ぎがあまりに少ないので、男に言い寄られた時の彼女らの振舞は、ほとんどあばずれ女のそれである。彼女らの中で男に身を任せずにいる娘など皆無に近いし、もしいるとしたら、むしずの走るような醜女《しこめ》くらいのものだろう」。

しかしながら、レティフは、その短編『うるわしのガーズ工』の中で、みながみな堕落していたわけではないとも言っており、ビネの銅版画による挿絵では、むしろ好意的に描かれている。それは、美しいガーズ工が仕事に精を出しているかたわらで、彼女をそそのかそうとしたふしだらな同僚が、他の女工仲間に非難攻撃されている場面で、「女工らは性悪女の方に進み、彼女に飛びかかった。一人はオサを取り上げてばらばらにし、もう一人は三角巾を引きちぎったあとジュポンのフリルを思いっ切り破り、もう一人は顔に汚水を浴びせた」と本文にある。

我々としても、この際ここで美しい絽や紗を織っていた彼女らの汚名を、ぜひともすすいでおきたい。

コテ女

二二六年から六五一年までペルシャを統治したササン王朝の昔から、コテは使われていた。現存する当時の彫像を見ると、そこに彫られている人物の衣服の布地が、ごく細かいプリーツ状になっているのがわかる。フランスでは、十五世紀末以後、浮き出し模様をほどこしたプリーツの下着が大流行した。おそらく十字軍の遠征によりもたらされたものであろう。これらの布地の糊付け作業は、リシュレ(8)の言うように、「ランジュリーやレースのしわを伸ばすための、ガラスか大理石のかけら」でできた、「コテ」を使って行われていたに違いない。一方、フュルティエール(9)はこう言っている。「コテはしわを伸ばすための平らな器具で、旋盤で引いたあとよく磨き上げた大理石や硬木で作られている」。

この器具が長期に渡り使用されたのは間違いない。なぜなら、十三、四世紀には、布地に糊付けをする習慣があり、糊と熱した鉄はどう見ても相性が悪いからである。エスコフィオン(10)やピラミッド型のエナン(11)など十四世紀末頃から流行り始めた女性用の豪華なかぶり物は、ゴムと蝋でできた多量の糊のおかげでその形状を保っていたにすぎない。さらに二世紀後には、筒状の大きなコルレット(12)やヒダ付きのフレーズ(13)が大流行。これにより、糊とコテと「コテ女」は確固たる地位を築いた。

しかし、アンリ二世〔在位一五四七―五九〕は、ある日、でんぷん糊はフレーズの形を維持するのには不十分であるからと、手ずから米の粉を調合して、より堅牢度の高い糊を作るべく実験したという。

フレーズ。左：16世紀、右：17世紀

そうこうするうちに、しわ伸ばし用の鉄、つまりアイロンの登場となる。人々はアイロンの内部に、あらかじめ熱した小さな金属の塊を入れて用いた。大型のアイロンの場合は、中に金属の塊のかわりに真っ赤に熱した木炭が入れられた。こうして「コテ女」は「アイロン女」になった。

アトゥール

「アトゥールヌレス」という言葉には、女性の美容師という意味と、アトゥールを製造する女工という意味があった。アトゥールとは、十四世紀から十五世紀にかけて流行った女性用の「豪華なかぶり物」の総称である。ジュヴェナル・デズュルザン(14)は記している。「いかなる戦があろうとも、動乱や艱難辛苦にあおうとも、ご婦人方はご大層ななりで日々を過ごしておられる。眼もあやな、丈高のとんがり帽子を操りながら。部屋の戸口を通るには、横を向いておじぎをせねばならぬほど大きな耳当てが両側に付き……」。

エスコフィオンは、一見クッションをへアネットでおおったような帽子である。形は、ハートやクローバー、三日月などさまざまで、たいていの場合、高価な宝石で飾られていた。エナンを流行らせたのは、イザボー・ド・バヴィエールである。先端はとがっているか底辺と平行に切ってあり、上から「フロカール」と呼ばれるひらひらした長いヴェールがかかった、円錐状の帽子だ。この帽子の流行で、アトゥールヌレスらは前にもまして忙しくなった。ブルジョワ階級の女性は、五十から六十センチの高さのエナンで満足していたが、貴族の婦人は、その倍の高さのをこれ見よがしにかぶっていた。
説教師たち、中でもトマ・クエットという名のカルメル会修道士は、一四二八年、この悪魔の申し子のようなスタイルを激しく糾弾した。しかし、年代記作者のモンストルレ（一三九〇―一四五三）によれば、「トマ修道士の説教のあと一時鳴りをひそめていた、エナンをはじめとするアトゥールの流行は、やがていまだかつて見たことがないほど華美な姿で再登場した」。その後、ジャンヌ・ダルクの聴罪司祭だったフランシスコ会のリシャール修道士が、束の間だがエナンの追放に成功。一四二九年の四旬節の時彼がふるった熱弁は、聴衆の琴線に触れ、女たちは道路の真ん中に大々的に火をたいて、身に付けていたかぶり物やら装飾品を投げ込んだ。が、四旬節がおわると、エナンはまたぞろ現れた。いまだかつてないほど大胆かつ奇抜な形状で。

聖職者用の帽子に金蘭帽《シャポー・ドルフロワ》と呼ばれているものがある。金糸銀糸の装飾をほどこしたこのかぶり物は、「金蘭帽作り」と呼ばれる、アトゥールヌレスの中でも特別の技術者集団により作られていた。この組合のメンバーはほとんど女性だったが、その規約（一二六八）には男性を拒絶するものではないと明記されている。金蘭帽は、金の帽子《シャポー・ドール》とか真珠付き帽子《シャポー・ア・ペルル》とも呼ばれていた。ただ、「シャポー・ドール」という言葉は、貴婦人がかぶる本物

エスコフィオン。左：1525年、右：1545年

の金の冠を指す場合もあった。これに対して金蘭帽の方は、『薔薇物語』[15]の詩を髣髴させるような、あやなす金糸銀糸でできていた。

十三世紀中葉から十五世紀初頭にかけて、女性は、猫も杓子もシャポー・ドールをかぶっていたことになる。というのもこの時期には、真珠や宝石で装飾をほどこした帽子すべてを金の冠《シャポー・ドール》と呼ぶようになっていたからである。そんなわけで、なんの変哲もないただの輪っか状のトゥーレ[16]でも、

15世紀のかぶり物（『シャルル・ドルレアンの哀歌』の装飾画）

貴石を二、三粒付けさえすれば、いとも簡単にシャポー・ドールに変身した。

花売り

生花業は花売り女により営まれていた。一二九二年の人頭税台帳には二名の「花売り女《フロリエール》」が記載されている。しかし、一三一三年の台帳では、フロリエールを「フリュリエール」と「フリュレート」に分けるなど、その職業規定を細分化している。人々の生活の中で、花がより大きな役割を果たすようになっていたことがわかる。当時、花でできた髪飾りは、男女共有の装身具だった。祝宴ともなると、人々は取っ手付きの水差し型容器や大杯まで花で飾り、ついにはすべての宗教的儀式に、花はなくてはならないものになった。聖オポルチュヌ教会に配属された花屋は、聖体祭(17)の日には、次のものを供給するよう義務付けられていた。「聖体用に三連のオレンジの花の冠一個。主任司祭用の花冠一個及び助祭・副助祭・天蓋持ち用に六個。一般聖職者用に『青葉』付きの花冠三十個。教会管理人用に花束五束、先祖のために花環五ダース、十字架用に花冠一個」。「花冠」はもともと、上流社会の殿方の髪留めだった。やがて彼らは貴石や真珠の数珠で髪の毛を縛るようになる。男爵の「ねじれ真珠飾り」の冠や、侯爵及び公爵の「花形飾り」の冠のルーツも花冠である。貴族が豪華な宝石で飾り立てていたのに対し、平民は花でしか身を飾ってはならないとされて

男爵の「ねじれ真珠飾り」の冠

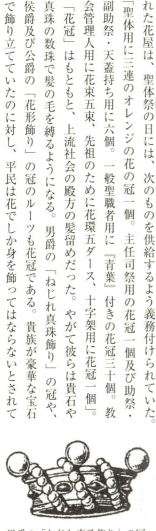

いた。

十三世紀の年代記作者、ギヨーム・ド・ラ・ヴィル＝ヌーヴが『パリの呼び売りの声』に記しているように、その頃から花売り女は、

ジャグリオはいらんかね、
散花用のジャグリオだよ
生きのいいハーブだよ……

と、叫びながらパリの街を巡り歩いていた。

当時、紫色のグラジオラスは「ジャグリオ」と呼ばれていた。夏の間、人々はこれを住まいに撒いたが、重要な祝祭日には街路など公共の場所にまで撒いたので、こういう口上になったのである。

十六世紀以後、花売りの口上に説明の必要はなくなる。

あたしのポットにゃ
たっぷりあるよ、

ロマンティックな〈花売り娘〉

カーネーションが！
恋人たちの花束用に！

花売り女組合の最終規約が制定されたのは、一六七七年及び一七三五年のことである。その中で、彼女らは「花売りの女親方兼花冠製造販売を行なう女性業者」と認定され、彼女らのみが「洗礼、結婚、埋葬用などに、生花の花束・帽子・冠・花輪を取り揃え、販売する」権利を持つ者であるとされている。使用する花は、摘みたてでなくてはならなかったが、工場及び医者から注文されるアカシアの花だけはこの限りではなかった。組合は、既婚未婚を問わず、女性だけで構成されており、各自見習いは一人しかかかえることができなかった。見習いの修業期間は四年で、その後二年間の職人修業期間が義務付けられていた。守護聖人は聖フィアークルだった。

十八世紀末になると、まったく異なる三つの集団が生花業を営んでいた。庭師兼花屋、中央市場《レ・アル》の商人、そして花売り女である。庭師兼花屋は、「根付きの鉢植えの花木や、あらゆる種類の灌木を売りに」セーヌ河岸にやって来た。中央市場の商人は、「薔薇やリラ、カーネーション、百合などを束で売っていた」。花売り女は、街頭で「ほそぼそとばら売り」をして糊口をしのいでいるにすぎなかった。

モード商人

『ア・ラ・モードなブルジョワ婦人』の中で、劇作家のダンクール〔一六六一―一七二六〕は、マダム・アムランという「女モード商人」を登場させ、この女性に、「特別な髪飾りのアイディア料として」三百十リーヴルを麗しのアンジェリカに請求したところだ、と言わせている。女モード商人という職業が普及し始めたのは十八世紀からにすぎず、それ以前の資料はほとんどない。一七七七年度の『ドーファン年鑑』[18]には主な女モード商人のリストが掲載されているが、「女モード商人」という言葉そのものは、一七七八年度版『アカデミー辞典』ではまだ取り上げられていない。

この新参の商人は、小間物業組合に所属していた。このことから、彼女らがいかなるものも製作してはならない立場にあったことがわかる。つまり、他の職業集団の製品をアレンジする自由しかなかったのである。とはいえ、彼女らには非常に多くの特権が与えられていた。規約によると、「ボンネット、帽子、毛皮の襟巻き、フィシュ[19]、ケープ、マンティーラ[20]、飾りカフス、裏地や縁取り用毛皮、ベルトなどあらゆる種類の女性用服飾品の

パリの服飾画。アンリ四世風シャポー（1776年）

客の足元でおしゃべりに相づちを打つ「モード商人」

アトリエで働く羽根飾り職人（18世紀）

請負、細工、装飾、販売」に関する独占的権利が保証されており、「ドレスと同一素材で作られ、女裁縫師《クチュリエール》[21]によってのみ作られ、取り付けられねばならないもの以外の、あらゆる種類のドレスの備品を細工する」ことができた。

女モード商人が主に扱っていたのは、タフタ、羅、レース、リボン、花、羽根などであった。彼女らは今で言うファッション・クリエイターだった。

当時、「王に拝謁を賜る人々」だけに許された宮廷用のドレスは、鯨の骨が入った胴着《コルサージュ》とスカートの組合せだった。胴着は仕立て屋《タイユール》[22]が、スカートは女裁縫師が作るものとされていたので、女モード商人は、彼らが作り上げたものに「飾り」を付けるだけで満足しなければならなかった。とはいえ、一着のドレスを「飾る」のに少なくと

1678年の〈優雅なブティック〉（J. ベラン、1639–1711）

も百五十種類の方法があり、それぞれの方法に名称が付けられていた。どんな飾りにするかを決定するに当たり、マリー＝アントワネットは、マドモアゼル・ローズ・ベルタン[23]とマダム・エロフに相談していた。ちょうど、国王が、重要案件を重臣らに相談するように。

一七七六年の王示により、彼女らは、「モード商兼羽根飾り職人兼花飾り職人」と名乗ることを許されるとともに、新しい規約によりその権限はさらに拡大された。「羽根細工職人の仕事に関わるすべてのものを製作し、装飾し、着色し、彩色をほどこし、販売する権利、及び、衣装並びに住居を飾る造花を製作する権利」が認められるとともに、ネクタイ、剣飾り並びにあらゆる種類の「女性用装飾品」を販売することができるようになったのである。

十八世紀末に彼女らが創案した帽子やボンネットの数は驚異的だ。その想像力の豊かさたるや空前絶後と言っても過言ではないだろう。一七七九年には二百種類ものボンネットが作られており、値段も十リーヴルから百リーヴルまでと多様だった。マティニョン侯爵夫人は、婦人帽専門店主のボラールと「年間取引契約」を交わしていたほどである。ボラールは二万四千リーヴルと引き替えに、三百六十五日新しい帽子や髪飾りを夫人に提供していた。今日のようなグランクチュリエがいたわけではないにしろ、すでにこの頃から「モードを生業とする人々」はいたのである。

パリで生まれたア・ラ・モードな品々は、ロンドン、ローマ、リスボン、サンクト・ペテルブルグなどでも紹介されていた。商売熱心な行商人らが、ヨーロッパ中に運び、マネキンに飾り付けては展示していたからである。

刃物売り

刃物産業が盛んなフランス中部地方では、刃物屋の細君や娘は、夫や兄弟が作った商品を、ムーランやシャテルローなどの都市を通過する旅人に売りに行くのが慣わしだった。ベリーの地方長官、ド・スロクール氏による一六三七年度の報告書にも、「この町の刃物屋にとり、ムーランを経由するパリ＝リヨン、オーヴェルニュ＝パリ間の主街道が格好の稼ぎ場であった」と記されている。

シャテルローも、パリ＝バイヨンヌ街道を行き交うおびただしい数の車や乗り合い馬車のおかげで、刃物の販売にはうってつけだった。旅行者は大きなエプロンをかけた娘が群をなして駆け寄って来るのを見て仰天した。無数に付いたエプロンのポケットに、折り畳み式ナイフ、剃刀、はさみ、テーブルナイフの鞘などを小分けして入れた娘たちは、買い手を求め、われがちに旅行者に殺到した。彼女らは町から一定の距離まで、乗り合い馬車を迎えに行った。ボルドー街道だったらネルピュイ、パリ街道だったらラ・グランジュまで。そして、わっとばかりに馬車のステップに飛び乗るのだった。

サント＝カトリーヌ市外区の刃物売りは、〈ビアン・ヌーリ〉、〈テット・ノワール〉などの旅籠に、特別に出入りを許されていた。シャトーヌフ市外区の女たちは〈シュヴァル・ブラン〉、〈ブッフ・ルージュ〉、〈グラン・モナルク〉といった旅籠を足場にしていた。一方、市内に住む女たちは、〈パン・ヴェール〉、〈エスペランス〉、〈ローブ・ドュ・ルー〉が主な仕事場だった。

一八三七年に出版された『フランスにおける旅行者用絵入りガイド

旅人に刃物を売り込む娘たち

ブック』によると、旅行者が彼女らの誘惑に打ち勝つのは至難の業《わざ》だった。「刃物は天下一品だし、女たちはおおいに挑発的、時にはいささか凶暴でさえある。そんなわけで、旅人は結局刃物を買い、どちらも結果的には得をしている」。

旅人に刃物を売る慣習は、十九世紀末まで続いた。この頃になると刃物売りは鉄道の駅にも現れるようになる。彼女らのうちの十名が鉄道会社から、汽車の停車時間中、駅の構内で刃物を売り歩いても良いというお墨付きをもらったのである。彼女らは、構内に商品を保管する小部屋まで当てがわれていた。

乳母

古来女性たちは、母親であることの最初の義務、すなわち授乳をまぬがれようと巧みに画策していた。それは単なる風説だ、と主張する向きもあるかもしれない。しかし、例えばルイ聖王は、実母――ブランシュ・ド・カスティーユ(24)――から授乳されてはいない。いかに彼女が息子を溺愛していたとしても。

自宅に乳母を置けるくらい裕福な家庭では、人選に当たって細心の注意を払った。出産に立ち会った外科医が呼ばれ、意見を求められた。いったんその家庭に雇われたら、乳母は他の召使よりずっと上の地位を占めた。サン＝バルテルミーの虐殺(25)の日、「殺せ！　殺せ！　ユグノー(26)は一人たりとも目こぼしならぬ」と、一晩中叫び続けていたシャルル九世だったが、二人のユグノー、アン

家族に囲まれるルイ15世の乳母メルシエ夫人。手で支えているのは幼い日の国王の肖像（J. デュモン、1700─81）

ブロワーズ・パレと自分の乳母の命は助けた。ルイ十四世が生まれた日、彼の部屋に最初に入ったのは、その侍従長と侍医長と乳母の三人だった。「乳母が彼に口付けをしにベッドに歩み寄った」と、サン＝シモンは記している。アンリ四世には六名の乳母が、ルイ十四世には少なくとも九名の乳母がいた。

　ルイ十六世の第一王子は、その名も宿命的なマダム・ポワトリン[27]からお乳を飲ませてもらった。ソー近郊出身のたくましい農婦で、男みたいに怒声を発する、肝ったまの据わった女だった。ヴェルサイユ宮殿で「マルボルー[28]の歌」を広めたのは彼女である。王子に歌って聞かせていたのだ。マリー＝アントワネットがこの節を気に入り、宮廷ではマルボルー・ファッションが大流行。一七八三年には、リボンやチョッキ、かぶり物まで、すべて「マルボルー風」になった。翌年、ボーマルシェの『フィガロの結婚』の中で、小姓のシェリユバンは、恋歌をマルボルーの節で歌った。
乳母の補佐役に、「揺動係《ルミューズ》」と呼ばれる女性がいた。子供を「揺り動かす《ルミュエ》」――つまり、抱き上げ、体を拭き、オシメをかえ、あやす――のがその仕事だった。平たく言えばオシメ係である。ブルゴーニュ公〔一六八二―一七一二：ルイ十五世の父〕とアンジュー公（ルイ十五世）のルミューズは同一人物だった。バルビエ[29]の『日記』には、あるフランス王家の姫が誕生した時のことが次のように記されている。「乳母の役割は、誰かが乳飲み子を連れて来た時その子に授乳するだけで、体に直に触れることはできない。授乳以外の子供の世話をするのはルミューズの役目である。乳母がルミューズに何かを指示することはできない。昼間三、四回、オシメをかえることになっており、決められた時間になると、ルミューズは、たとえ眠っていても子供を起こす。オシメをかえたあとで粗相をしたら、その子は、汚物まみれのまま三、四時間放っておかれることになる。たとえ子供に針が刺さっても、乳母はそれを抜いてはならない。ルミューズを探して、彼女がやって来るのを待つしかないのである」。

十二世紀にはもう、乳母のための職業斡旋所がパリに何軒かあった。それは、ある意味で、「召使の職を求める、貧しい母親らのための食住付き豪華旅籠《オテルリー》」だった。中でも、修道女らにより管理されていた聖カトリーヌ・オテルリーは、乳母志願者を無償で受け入れており、庶民はここを〈カトリネット〉と呼んでいた。それ以外の有料の施設は「推薦者《コマンドレス》」と呼ばれる女性により運営されていた。「コマンドレス」は特権的な職業で、一三三〇年フィリップ六世が、息子ジャンの乳母の四人の義理の娘のために創設したものだった。

十七世紀まで、コマンドレスは召使及び乳母の斡旋をしていたが、一六二八年、宮廷内に「使用人管理局」が創設され、召使の斡旋はここで行われるようになる。一七一五年、コマンドレスは、パリ警視総監の管轄下に置かれることになるが、乳母の斡旋に関する独占権は引き続き維持することができた。当時、彼女らが運営する乳母斡旋所は、クリュシフィクス街、エシェル街、モヴェ＝ギャルソン街、モベール広場の四ヵ所にあった。

自宅で子供をあずかる乳母はいずれも、同時に二人の乳幼児をあずかっていることが発覚すると、鞭打ちの刑に処せられ、その夫は五十リーヴルの罰金を支払わねばならなかった。子供の親が、規定通りの金額の支払を停止した場合でも、乳母はその子をあずかり続けねばならなかった。子供を家族に返還するかどうかの決定を下せるのは、警視総監だけだった。

十八世紀末、パリで生まれた子供二万一千人のうち、七百人が母親に授乳され、七百人が親の家に住み込みの乳母に授乳され、二、三千人が郊外の乳母の家にあずけられ、あとはすべて「取り持ち」により地方で集められた女性にあずけられた。取り持ちは、八方で乳母を探し回り、適当な数が集まると、二輪馬車にぎゅうぎゅう詰めにしてパリまで運んだ。それぞれが乳飲み子を獲得すると、同じ方法で連れ戻した。一七七三年、警察は取り持ちに、「床には新しいワラを敷き詰め、屋根には良質の布をピンと張ってある、きちんと整備された馬車を使用するよう」、厳命しなければならなかった。

もちろん、乳母たちもより快適な設備を要求した。なんといっても、彼女らは、未来をになう大事な宝を両腕にたくされていたのだから。

【訳注】

（1）運命の三女神：ギリシャ神話のモイライに当たり、人間の運命をつかさどる神とされている。一般にクロートー（紡ぎ手）、ラケシス（配り手）、アトロポス（変えられない者）の三神で、クロートーが運命の糸を紡ぎ出し、ラケシスが運命を割り当て、アトロポスが死の瞬間にその糸を断ち切る、と言われている。

（2）ブランシュ・ド・ブルボン（一三三七―六一）：カスティリャ国王ピエール残酷の妃。不幸な結婚により逃亡生活を送るが、夫に捕らえられ幽閉中に死亡。

（3）イザボー・ド・バヴィエール（一三七一―一四三五）：シャルル六世の妃。王の発狂後、政権を掌握。

（4）コット：十二〜十六世紀に男女が着たチュニック風の上着。

（5）レティフ・ド・ラ・ブルトンヌ（一七三四―一八〇六）：フランスの作家。フランス革命前後の庶民の風俗を写実的手法で描く。

（6）羅：絽や紗など絹、麻、綿の薄地織物。

（7）セビヨ、ポール（一八四六―一九一八）：フランスの画家、民族学者。一八八〇年以降ブルターニュ地方の民話の収集を始め、『オートブルターニュ地方の民話 *Contes populaires de la Haute Bretagne*』その他の著作を残す。

（8）リシュレ、ピエール（一六三一―九八）：フランスの辞書編纂者。『仏語辞典 *Dictionnaire François*』は、本格的フランス語辞典の先駆となった。

（9）フュルティエール（一六一九—八八）：フランスの作家。『町人物語 *Roman bourgeois*』の作者。『ユニヴァーサル辞典 *Dictionnaire Universel*』の編者。
（10）エスコフィオン：十四、五世紀の女性が用いた網状の帽子、かぶり物。〈アトゥール〉の項二八四頁参照。
（11）エナン：円錐状の、先端からベールをたらした十五世紀の婦人帽。〈アトゥール〉の項二八四頁参照。
（12）コルレット：ギャザーの付いたレースなどの飾り襟。
（13）フレーズ：十六、七世紀に男女が用いた円形のひだ襟。
（14）ジュヴェナル・デズュルザン、ジャン二世（一三八八—一四七三）：ランスの大司教、歴史家。『シャルル六世年代記 *Histoire de Charles VI et des choses mémorables advenues pendant 42 années de son régne*』の著者。
（15）『薔薇物語』：恋の成就と恋愛作法をアレゴリーを用いて描いた、韻文形式の、中世フランス文学の代表的作品。前後編に分かれており、前編は一二三七年頃ギヨーム・ド・ロリスに、後編は一二七五—八〇年頃ジャン・ド・マンにより書かれている。
（16）トゥーレ：十三世紀に流行った、婦人用の王冠形縁なし帽。十五世紀頃女性が額に巻いた細紐。
（17）聖体祭：キリストの最後の晩餐を記念する祝日。聖霊降臨後の第一日曜日の後の木曜日（六月中旬頃）。
（18）麗しのアンジェリカ：イタリアの詩人ロドヴィコ・アリオスト（一四七四—一五三三）の叙事詩

『狂えるオルランド』のヒロイン。

(19) フィシュ：レースなどの三角形のスカーフ。

(20) マンティーラ：スペインの女性が頭にかぶるような絹またはレースの黒いスカーフ。

(21) 女裁縫師（クチュリエール）：婦人服を縫製する女性の職人。これに対してクチュリエは、ドレスを作る男性の仕立て屋で、今日の高級婦人服のクリエイターの元祖に当たる。

(22) 仕立て屋（タイユール）：「男物の胴衣」職人、「男物の二重仕立ての上着」職人などの総称。現在は主に紳士服の仕立て屋の意味で使われている（英語のテイラー）。

(23) マドモアゼル・ローズ・ベルタン（一七四四―一八一三）：ルイ十六世時代の宮廷ファッションに最大の影響力を誇り、「モード大臣」と呼ばれていた。

(24) ブランシュ・ド・カスティーユ（一一八八―一二五二）：ルイ八世の王妃。十二歳で王位に就いたルイ九世（聖王）の摂政となり、国内諸侯の反乱を鎮圧するなど政治的手腕を発揮して「摂政の鑑」と評されたが、息子に対する献身と干渉の度合いが並外れていたことでも知られている。

(25) サン＝バルテルミーの虐殺：一五七二年八月二十四日、パリで起きたプロテスタントの大量虐殺。以後ユグノー戦争は深刻化した。

(26) ユグノー：十六世紀から十八世紀のフランスで、カルヴァン派プロテスタントに用いられた蔑称。

(27) ポワトリン：フランス語で胸、乳房の意。

(28) マルボルー（一六五〇―一七二二）：イギリスの将軍。スペイン継承戦争の際、各地でフランス軍を破り、フランスのシャンソンに歌われた。

(29) バルビエ、フランソワ（一六八九—一七七一）：フランスの弁護士。『ルイ十五世治下の逸話日記（一七一八—六二）*Journal historique et anecdotique du régne de Louis XV*』は当時を知る上で貴重な資料の一つとされている。

訳者あとがき

この本は、*Métiers Disparus*, sous la direction littéraire et artistique de Paul Lorenz, documentation et textes de F. Klein-Rebour, G. M. Perrin, Paris, 1968 の翻訳である。

本書の監修者であるポール・ロレンツ（一九〇三―一九九六）は、一九四〇年代初頭から七〇年代後半にかけて、フランスで多彩な執筆活動を続けた、チェコ出身の詩人・伝記作家・歴史家で、《パリ＝ソワール》誌、《マリ＝クレール》誌の文芸部長、《プレジール・ド・フランス》誌の編集長を歴任。代表作に、『エウリディスの再来』、『ポール・ヴァレリの墓』、『プランツィーニ事件』などがある。

ここに紹介されているのは、さまざまな必然性から生まれ、より以上の知恵の発露とともに姿を消した、ヨーロッパ、それも主にパリを中心とする庶民の過去の職業である。古代から近世、近代まで続いた職業もあれば、特定の時期に現れ、たちまち消滅したものもある。

印刷術もマスメディアもない時代、宣伝は「呼び売り」に頼るほかなかった。中世のパリの街には、朝から晩まで、酒、魚、塩をはじめとするあらゆる生活必需品の行商人や、鋳かけ屋、夜回りの連呼する声が充満し、書物はすべて写本師によりコピーされていた。蝋燭《ろうそく》しかない時代、劇場の照明はどう管理されていたか？　十七世紀、パレ＝ロワイヤルの舞台では、幕間ごとに蝋燭の芯切り係が登場し、巧みな手さばきで芯を切っていた。どうやって匂いも煙も立てないようにするかが、腕の見せどころだった……。

人類の歴史は発明の歴史でもある。新たな発明品が生まれるたびに、多くの人が失職ないし転職を余儀なくされる。このような場合最も打撃をこうむるのは庶民であり、これは古今東西共通の現象である。しかし彼らは、いつの時代にも、その場に応じた自衛手段を講じ、生き抜いて来た。中世半ば以降十八世紀後半まで、その自衛のよりどころは、それぞれが所属する同一職業集団であった。

十一世紀から十三世紀にかけて、ヨーロッパの各商業中心地に、商人による同業組合《コルポラシオン》（商人ギルド）が次々と結成されるようになる。いずれも、独自の商人法により、王国の商人として特定の地域における特権を得た、互助集団であった。十三世紀以降、商人にならい職人たちも、各職種ごとに同職組合《コール・デ・メティエ》（手工業ギルド）を結成するようになる。これらの集団は、徐々に細分化され、閉鎖的な性格を持つようになってゆく。こうして十四世紀頃から、各同職組合内に、徒弟制度及び親方株の譲渡制限制度が生まれた。技術水準の維持もさることながら、競争相手を制限するための自衛措置であった。というのも、商業の発展にともない、多数の地方住民が、職を求めて都市に流入して来たからである。親方への道が狭められたため、職を求めて、あるいは親方になるための修業を目的として遍歴の旅に出る職人も大勢いたが、彼らの行くさきざきには、各同職組合ごとに受け入れ組織が整えられていた。一方、既成集団に参入できないまま、わずかばかりの労賃でその日暮らしをしていた人足などの下層労働者も、やがて、独自の互助集団を形成してゆく。時代に応じて創設される職業に便乗し、新規の団体に加わる者もいた。

処刑は、社会生活の秩序を維持する上で必要不可欠な仕事であった。中世以前、処刑は神聖な儀式であり、その執行は領主や司法官など身分の高い人々にゆだねられていた。これが専門の役人に任されるようになった十三世紀頃から、差別感が生まれ、それとともに、この職務にたずさわる人々は共同体から排除され、賤民とみなされるようになる。本書には、このように社会生活上必要ではあるが、賤視され、うとまれるような職業に従事していた人々についても記されている。死刑執行人や拷問執行人など、名誉を剥奪され、旧体制下の身分社会から除外されていた彼らは、共同体を組織することこそできなかったが、同職者同志の結束は固く、独自の集会場所を持ち、独自の特権もそれなりに確保していた。

街路を豚が徘徊し、排水設備も不完全だった頃のパリは、今の我々には想像もつかないような空間だったに違いない。しかし、中世以降急速に発展し遂にはヨーロッパ中の羨望の的となる、華の都の繁栄を支えていたのは、その路地裏にひしめき合いながら日々の営みを続けていたこれらの庶民であり、大革命の原動力になったのも彼らである。

大きな歴史の歯車の中で翻弄されながらも、しぶとく、したたかに、エネルギッシュに生きた彼らの姿は、その保守性も含めて、過去はもとより、今日の日本に生きる我々自身の姿であり、未来像でもあるはずだ。

本書では、時代の波間に飲み込まれた、百を越える昔の庶民の職業が、克明に掘り起こされている。公文書記録、文学者の証言などを交えながら、それぞれの来歴が簡潔に綴られており、序文にもあるように、我々は、それらの職業が不要となった事実を通して、人類の「進化の歴史」をもかい間みることができる。ファッションや美術に象徴される輝かしいパリも魅力的ではあるが、その土壌に触れ、そこから生み出された文化をより身近なものとして把握する上で格好の裏面史が、ここには展開されている。なお、ヨーロッパの賤民及び組合について関心のある方は、阿部謹也氏及び喜安朗氏の著作を参照されたい。

原書にはわずかに（　）による註釈があるだけで、それ以外には一切註がない。このため我々日本人にはなじみが薄いと思われる慣習、名称については訳註により極力おぎなったつもりである。したがって、本文中（　）で括ってあるのは原註であり、訳註に関しては、章註とは別に、簡単な記載は〔　〕で括り本文中に挿入した。「歴史家モンテイユは……」のように、〔　〕では括らず、入手した資料に基づいて原文を多少ふくらませてある場合もある。マラー、モリエールのような歴史的に著名な人物及び国王については、特筆すべきと思われる場合以外、註を省略した。ただ、どうしても該当する資料が発掘できなかった事例がいくつかあり、これについては〔不詳〕ないし〔?〕と記させていただいた。また、本書の内容は多岐に渡り、扱われている時代も非常に長期に及んでいるため、訳文中不備な個所もあるかと思う。ご教示、ご批判いただければ幸いである。

最後に、本書の刊行に当たりご尽力下さった、今泉道生氏に深く感謝するとともに、事実関係の確認作業に手間取り原稿の納入が大幅に遅れたにもかかわらず、快く待って下さった論創社の森下紀夫氏、津山明宏氏に心から御礼を申し上げます。

一九九四年十月四日

北澤　真木

主要参考文献

阿部謹也『中世賤民の宇宙』（筑摩書房）

阿部謹也『中世を旅する人々』（平凡社）

阿部謹也『刑吏の社会史』中公新書（中央公論社）

阿部謹也『甦える中世ヨーロッパ』（日本エディタースクール出版部）

Boileau, Etienne *Livre des Métiers* (vers 1268), dans la Collection de Documents Inédits sur l'Histoire de France publiés par Ordre du Roi.

ボルスト、アルノ『中世の巷にて』永野藤夫、井本晌二訳（平凡社）

Cabanès, Docteur *Moeurs Intimes du Passé*; Albin Michel, Paris, 1908.

D'Haucourt, Geneviève *La Vie au Moyen Age*; Presses Universitaires de France, Vendôme, 1993.

ドークール、ジュヌヴィエーヴ『中世ヨーロッパの生活』大島誠訳、文庫クセジュ（白水社）

Franklin, Alfred *Dictionnaire Historique des Arts, Métiers et Professions exercés dans Paris depuis le XIIIe Siècle*, Laffitte Reprints, Marseille, 1905-06.

フックス、エドゥアルト『風俗の歴史』安田徳太郎訳（光文社）

Hurtaut et Magny *Dictionnaire Historique de la Ville de Paris et de ses Environs* (1778); Minkoff Reprint, Genève, 1973.

Hillairet, Jacques *Dictionnaire historique des rues de Paris*; Minuit 1957.

川名隆史、篠原敏昭、野村真理『路上の人々――近代ヨーロッパ民衆生活史』（日本エディタースクール出版部）
喜安朗『近代フランス民衆の〈個と共同性〉』（平凡社）
喜安朗『パリの聖月曜日』（平凡社）
Larousse, Pierre *Grand Dictionnaire Universel du XIXe Siècle*, Administration du Grand Dictionnaire Universel, Paris, 1874.
マルタン、オリヴィエ『フランス法制史概説』塙浩訳（創文社）
メイヒュー、ヘンリー『ロンドン路地裏の生活誌』植松靖夫訳（原書房）
Mercier, Louis-Sébastien *Tableau de Paris*, Guillot, Amsterdam, 1782-83.
メルシエ、セバスチャン『十八世紀パリ生活誌――タブロー・ド・パリ』（上・下）原宏編訳、岩波文庫（岩波書店）
南静『パリモードの二〇〇年』（文化出版局）
Phillement, Georges *Paris Disparu*, Grasset, Paris, 1966.
Pistolese & Horstiong *History of Fashions*; John Wiley & Sons, New York, 1970.

本書は『パリ職業づくし——中世から近代までの庶民生活誌』（論創社、一九九四年）の改訂新版である。

北澤　真木（きたざわ　まき）

1966年、早稲田大学文学部（美術史）卒業。

1970年、スウェーデン、ニッケルヴィク美術学校（デキスタイル・デザイン）卒業。

1977年、フランス、パリ第4大学（キリスト教史）中退。

主訳書、ジャック・マイヨール『海の記憶を求めて』（翔泳社）、アンドレ・ヴァルノ『パリ風俗史』（講談社学術文庫）、アルフレッド・フランクラン編著『18世紀パリ市民の私生活』（東京書籍）など。


〔改訂新版〕パリ職業づくし――中世〜近代の庶民生活誌

2015年11月25日　初版第1刷印刷
2015年11月30日　初版第1刷発行

監修者　ポール・ロレンツ
著　者　F.クライン＝ルブール
訳　者　北澤真木
発行所　論 創 社
〒101-0051 東京都千代田区神田神保町2-23　北井ビル
tel. 03（3264）5254　fax. 03（3264）5232　web. http://www.ronso.co.jp/
振替口座　00160-1-155266
装幀／宗利淳一
印刷・製本／中央精版印刷　組版／フレックスアート
ISBN978-4-8460-1472-8
©2015 Kitazawa Maki, printed in Japan
落丁・乱丁本はお取り替えいたします。